AUTORES:

JOSÉ MARÍA CAÑIZARES MÁRQUEZ
CARMEN CARBONERO CELIS

COLECCIÓN OPOSICIONES MAGISTERIO: EDUCACIÓN FÍSICA

LA COEDUCACIÓN E IGUALDAD DE SEXOS EN EL CONTEXTO ESCOLAR Y EN LA ACTIVIDAD DE EDUCACIÓN FÍSICA:
ESTEREOTIPOS Y ACTITUDES SEXISTAS EN LA EDUCACIÓN FÍSICA. INTERVENCIÓN EDUCATIVA.
(VOLUMEN 25)

WANCEULEN
EDITORIAL DEPORTIVA

COLECCIÓN OPOSICIONES MAGISTERIO: EDUCACIÓN FÍSICA

VOLUMEN 25.

LA COEDUCACIÓN E IGUALDAD DE SEXOS EN EL CONTEXTO ESCOLAR Y EN LA ACTIVIDAD DE EDUCACIÓN FÍSICA. ESTEREOTIPOS Y ACTITUDES SEXISTAS EN LA EDUCACIÓN FÍSICA. INTERVENCIÓN EDUCATIVA.

AUTORES

José Mª Cañizares Márquez

- Catedrático de Educación Física
- Tutor del Módulo del Practicum del Master de Secundaria
- Especialista en preparación de opositores
- Autor de numerosas obras sobre Educación y Preparación Física

Carmen Carbonero Celis

- D. E. A. en Instituciones Educativas
- Licenciada en Pedagogía
- Maestra de Primaria y Secundaria en centros de Educación Compensatoria
- Didacta presencial del Módulo de Pedagogía General en el CAP
- Profesora de Pedagogía Terapéutica en Centro Educación Primaria

Título: LA COEDUCACIÓN E IGUALDAD DE SEXOS EN EL CONTEXTO ESCOLAR Y EN LA ACTIVIDAD DE EDUCACIÓN FÍSICA. ESTEREOTIPOS Y ACTITUDES SEXISTAS EN LA EDUCACIÓN FÍSICA. INTERVENCIÓN EDUCATIVA.

Autores: José Mª Cañizares Márquez y Carmen Carbonero Celis
Editorial: WANCEULEN EDITORIAL DEPORTIVA, S.L.

C/ Cristo del Desamparo y Abandono, 56   41006 SEVILLA

Dirección web: www.wanceulen.com

I.S.B.N.: 978-84-9993-496-9

Dep. Legal:

© Copyright: WANCEULEN EDITORIAL DEPORTIVA, S.L.

Primera Edición: Año 2016

Impreso en España:

Reservados todos los derechos. Queda prohibido reproducir, almacenar en sistemas de recuperación de la información y transmitir parte alguna de esta publicación, cualquiera que sea el medio empleado (electrónico, mecánico, fotocopia, impresión, grabación, etc), sin el permiso de los titulares de los derechos de propiedad intelectual. Cualquier forma de reproducción, distribución, comunicación pública o transformación de esta obra solo puede ser realizada con la autorización de sus titulares, salvo excepción prevista por la ley. Diríjase a CEDRO (Centro Español de Derechos Reprográficos, www.cedro.org) si necesita fotocopiar o escanear algún fragmento de esta obra.

ÍNDICE

Presentación de la Colección.

Introducción

1. ASPECTOS COMUNES A TENER EN CUENTA EN EL EXAMEN ESCRITO.

    1.1. Criterios de corrección y evaluación que siguen los tribunales.
    1.2. Consejos sobre cómo estudiar los temas. Estrategias.
    1.3. Recomendaciones para la realización del examen escrito. Estrategias.
    1.4. Modelo estandarizado de presentación de examen escrito.
    1.5. Partes estándares a todos los temas.

2. LA COEDUCACIÓN E IGUALDAD DE SEXOS EN EL CONTEXTO ESCOLAR Y EN LA ACTIVIDAD DE EDUCACIÓN FÍSICA. ESTEREOTIPOS Y ACTITUDES SEXISTAS EN LA EDUCACIÓN FÍSICA. INTERVENCIÓN EDUCATIVA.

COLECCIÓN OPOSICIONES DE MAGISTERIO.
ESPECIALIDAD DE EDUCACIÓN FÍSICA

PRESENTACIÓN DE LA COLECCIÓN

Los autores, con muchos años de experiencia en la preparación de oposiciones, hemos plasmado en esta Colección multitud de argumentos y detalles con la finalidad de que cada persona interesada en acceder a la función pública conozca minuciosamente todos los pormenores de la preparación.

La Colección está compuesta por una treintena de volúmenes, de los que veinticinco están dedicados a otros tantos capítulos del temario, y los cinco restantes a cómo hacer y exponer oralmente la programación didáctica y las UU. DD., así como a resolver el examen práctico escrito.

Los destinados a los temas llevan incorporados unos aspectos comunes previos sobre cómo hay que estudiarlos y consejos acerca de cómo realizar el ejercicio escrito.

Los aplicados al examen oral: defensa de la programación y exposición de las U.D.I., también llevan un capítulo referente a cómo es mejor hacer la expresión verbal, el mensaje expresivo, el esquema en la pizarra, etc.

Es decir, los autores no nos hemos ceñido a publicar un temario para las dos pruebas escritas (tema y casos prácticos) y las dos orales (programación y unidades). Hemos querido hacer partícipe de las técnicas que hemos seguido estos años y que tan buen resultado nos han dado, sobre todo a quienes sacaron plaza merced a su propio esfuerzo. No obstante, debemos destacar un aspecto capital: ratio del tribunal, es decir, ¿con cuántos opositores me tengo que "pelear" para conseguir la plaza?

Ya podemos ir perfectamente preparados, que si un tribunal tiene dos plazas para dar y hay diez opositores con un diez... la suerte de tener una décima más o menos en la fase de concurso nos dará o quitará la plaza.

Por otro lado, es conocido que desde hace año en España tenemos diecisiete "leyes de educación", es decir, una por autonomía, además de la que es común para todos y que, como las autonómicas, depende del partido político que gobierne en ese momento. No podemos obviar que la Educación y todo lo que le rodea -incluidos opositores- es un aspecto más de la política, si bien entendemos debería ser justo lo contrario. La formación de nuestros hijos no debe estar en función de unas siglas de unos partidos políticos, porque cuando uno consigue el poder, elimina por sistema lo hecho por el anterior, esté mejor o peor. Ejemplos, por desgracia, hay muchos desde la LOGSE/1990. Así pues, abogamos por un Pacto Educativo que incluya, lógicamente, a opositores y al Sistema de Acceso a la Docencia.

Esto trae consigo que, forzosamente, debamos basarnos en una línea de elementos legislativos. En nuestro caso, además de la nacional, nos remitimos a la de Andalucía. Por ello, las personas opositoras que nos lean deberán adecuar las citas legislativas autonómicas que hagamos a las de la comunidad/es donde acuda a presentarse a las oposiciones docentes.

Para cualquier información corta, los autores estamos a disposición de las personas lectoras en:

oposicionedfisica@gmail.com

INTRODUCCIÓN

Este volumen tiene dos partes claramente diferenciadas:

a) Por un lado tratamos diversos aspectos comunes a todos los temas escritos. Es decir, nos centramos en cómo hay que estudiarlos a partir de los propios criterios de valoración del examen que indica la Consejería de Educación de la Junta de Andalucía, y que suelen ser similares a los de otras autonomías. También incluimos los criterios de otras comunidades, pero no de todas porque se nos haría interminable.

Esta parte también incluye una serie de consejos acerca de cómo estudiar los temas, cuestión que no es baladí porque el opositor está muy limitado por el tiempo disponible para realizarlo.

Esto nos lleva a siguiente punto, el "perfil" de cada opositor, su capacidad grafomotriz muy a tener en cuenta para que en el tiempo dado seamos capaces de tratar el tema elegido con una estructura adecuada a los criterios de evaluación que el tribunal va a usar en la corrección.

Es muy corriente el comentario de "mientras más sepas, más nota sacas y más posibilidades de obtener plaza tienes". Esto trae consigo, en muchas ocasiones, que el opositor se encuentre con "montañas de papeles" sin estructurar, sin saber si un documento reitera lo de otro, sin dominar la capacidad de síntesis ante tanto volumen de definiciones, clasificaciones, teorías, opiniones, etc.

La realidad es muy distinta. El opositor debe llevar preparado al menos veinticuatro documentos (para tener el 100% de que le va a salir en el sorteo un tema estudiado concienzudamente), con la información muy exacta de lo que le da tiempo a escribir correctamente desde todos los puntos: científico, legislativo, autores, estructura del propio examen, sintaxis, ortografía, etc.

Muchas veces nos han preguntado por el conocimiento de los tribunales, si están al día, etc. Nuestra respuesta ha sido siempre la misma: "sabrán más o menos de cada uno de los veinticinco temas, lo leerán con más o menos detenimiento, pero seguro que lo que más saben es corregir escritos porque lo hacen a diario en sus aulas, de ahí que debamos prestar la máxima atención a estos aspectos formales". Para ello añadimos al final una hoja-tipo.

Completamos este primer capítulo con una tabla de planificación semanal que debemos hacer desde un principio para "obligarnos" y seguirla con disciplina espartana, si de verdad queremos tener éxito.

b) Por otro, el Tema 25 totalmente actualizado a fecha de hoy. La persona opositora debe, una vez conozca el volumen de contenidos que es capaz de escribir, hacer un resumen equitativo de cada punto y "cuadrarlo" a su capacidad grafomotriz. A partir de aquí, a estudiarlo... pero escribiéndolo ya que la nota nos la van a poner por lo que escribamos y cómo expresemos esos contenidos. Pero, si en la comunidad donde nos examinemos, el escrito hay que leerlo al tribunal, de nuevo lo haremos, cuanto antes mejor, para ensayar la lectura y que determinadas palabras no se nos "atraganten".

CRITERIOS DE CORRECCIÓN Y EVALUACIÓN QUE SIGUEN LOS TRIBUNALES

Consideramos imprescindible saber **previamente** cómo nos va a evaluar el Tribunal para realizar el examen con respecto a los ítem que va a tener en cuenta. Aportamos varios **modelos** que han transcendido y que, básicamente, se diferencian en la **formulación** de las consideraciones y en su valoración, no en el **fondo**.

CRITERIOS DE EVALUACIÓN EN ANDALUCÍA.

La Consejería de Educación de la Junta de Andalucía informa a los sindicatos, en mayo de 2007, sobre un "borrador" de criterios de evaluación para el "Concurso Oposición al Cuerpo de Maestros 2007". Posteriormente, como pudimos comprobar esa convocatoria y las siguientes, estos criterios se hicieron "firmes".

Transcribimos literalmente los cinco puntos a considerar sobre el tema escrito:

CRITERIOS GENERALES TEMA ESCRITO

Estructura del tema.

 a) Presenta un índice.
 b) Justifica la importancia del tema.
 c) Hace una introducción del mismo.
 d) Expone sus repercusiones en el currículum y en el sistema educativo.
 e) Elabora una conclusión acorde con el planteamiento del tema.

Contenidos específicos.

 a) Adapta los contenidos al tema.
 b) Secuencia de manera lógica y clara sus apartados.
 c) Argumenta los contenidos.
 d) Profundiza en los mismos.
 e) Hace referencia al contexto escolar.

Expresión.

 a) Muestra fluidez en la redacción.
 b) Hace un uso correcto del lenguaje, con una buena construcción semántica.
 c) Emplea de forma adecuada el lenguaje técnico.

Presentación.

 a) Presenta el escrito con limpieza y claridad.
 b) Utiliza un formato adecuado teniendo en cuenta el apartado 4 del artículo 7.4.1. de la Orden de 24 de marzo de 2007, BOJA nº 60 del 26/03/2007.
 Nota: Se refiere a aspectos formales tales como no firmar el examen, entregarlo en un sobre con etiquetas, etc.

Bibliografía/Documentación.

 a) Fundamenta los contenidos con autores o bibliografía.
 b) Sitúa el tema en el marco legislativo pertinente.

La Consejería de Educación de la Junta de Andalucía informa a los sindicatos, en **junio de 2015**, sobre los criterios de evaluación para el "Concurso Oposición al Cuerpo de Maestros 2015". Transcribimos literalmente los cuatro puntos a considerar sobre el tema escrito:

CRITERIOS GENERALES A TENER EN CUENTA EN LA CORRECCIÓN DEL TEMA ESCRITO (JUNIO 2015).

1. Estructura del tema.

a) Secuencia de manera lógica y clara cada uno de los apartados del tema
b) Expone con claridad

2. Contenidos.

a) Argumenta y justifica científicamente los contenidos
b) Conoce y tarta con profundidad el tema
c) Realiza una transposición didáctica de la teoría expuesta a la práctica
d) Fundamenta los contenidos con autores y bibliografía que realmente hagan referencia al contenido en cuestión, así como a la normativa vigente

3. Expresión.

a) Redacta con fluidez
b) Usa correctamente el lenguaje y presenta una adecuada construcción sintáctica
c) Usa con propiedad el lenguaje técnico específico de la especialidad
d) No se aprecian divagaciones, reiteraciones, etc.

4. Presentación.

a) El ejercicio es legible: no hay que estar deduciendo qué quiere decir ni traduciendo el texto
b) Se observa limpieza y claridad en el ejercicio
c) Usa un formato adecuado

CRITERIOS GENERALES A TENER EN CUENTA EN LA CORRECCIÓN DEL TEMA ESCRITO
(Comunidad de Castilla-La Mancha)

Los criterios de evaluación del tema escrito (Comunidad de Castilla-La Mancha), que tuvieron los tribunales en cuenta en la convocatoria de 2007 y que fueron establecidos por la Comisión de Selección de la Especialidad de Educación Física, son:

CRITERIOS PARA EVALUAR EL TEMA ESCRITO. PARTE "A"	Puntuación
1.- Introducción, justificación, índice y mapa conceptual.	(MÁXIMO 1,5 puntos)
2.- Contenidos específicos	
2.1.- Trata todos los epígrafes del tema. 2.2.- Adecuación de los contenidos al tema. Los contenidos se ajustan al tema. 2.3.- Profundización de los mismos. 2.4.- Organización lógica y clara en cada punto. Atendiendo al índice. 2.5.- Argumentación de los contenidos. 2.6.- Referencia al contexto escolar. 2.7.- Relaciona con otros temas del currículum. 2.8.- Originalidad y creatividad en el tema.	(MÁXIMO 6,5 puntos)
3.- Bibliografía	
3.1.- Bibliografía específica del tema. Cita autores y hace referencias bibliográficas. 3.2.- Aspectos legislativos. Hace referencia a la legislación nacional y autonómica.	(MÁXIMO 0,75 puntos)
4.- Conclusión y valoración personal	(MÁXIMO 0,75 puntos)
5.- Aspectos formales. Presentación, estructura, organización, uso de vocabulario técnico.	(MÁXIMO 0,5 puntos)
6.- Errores	
a. Divagaciones b. Faltas de ortografía c. Errores garrafales	SE VALORARÁ NEGATIVAMENTE POR PARTE DEL TRIBUNAL
Total	10 Puntos.

OTROS CRITERIOS GENERALES A TENER EN CUENTA EN LA CORRECCIÓN DEL TEMA ESCRITO

Otros tribunales siguieron unos criterios de evaluación del examen escrito como los que ahora reflejamos:

		CRITERIOS PARA EVALUAR EL TEMA ESCRITO	
1		Introducción, índice y mapa conceptual	Máximo 1 punto
2		Nivel de contenidos	Máximo 5 puntos
	2.1.	Trata todos los epígrafes del tema	
	2.2.	Los contenidos se ajustan al temario	
	2.3.	Relaciona con otros temas del curriculum	
	2.4.	Hace referencia a la legislación nacional y autonómica	
	2.5.	Cita autores y/o referencias bibliográficas	
3		Aspectos formales: presentación, estructura, organización, vocabulario y ortografía	Máximo 3 puntos
4		Conclusión, valoración personal y bibliografía	Máximo 1 punto

Esta tabla tuvo su origen en la Convocatoria de Castilla La Mancha hace unos años. Sus criterios siguen vigentes.

Cuadro resumen de los Criterios de Evaluación	Temas A
1.- Contenidos específicos a. Adecuación de los contenidos al tema. b. Profundización de los mismos. c. Organización lógica y clara en cada punto (Índice). d. Argumentación de los contenidos. e. Referencia al contexto escolar. f. Originalidad y creatividad en el tema.	2,75 puntos
2.- Introducción y conclusión a. Justificación de la importancia del tema. b. Repercusiones en nuestra área y en el Sistema Educativo. c. Buena introducción del tema. d. Conclusión.	0,5 puntos
3.- Expresión a. Fluidez del discurso. b. Buena redacción, sin errores sintácticos, redundancias... c. Uso del lenguaje técnico.	1 puntos
4.- Presentación a. Limpieza y claridad. b. Formato con variedad de recursos (gráficos, sangrías, diferenciación entre títulos, subtítulos, contenidos, esquema, etc.)	0,5 puntos
5.-Bibliografía a. Bibliografía específica del tema. b. Aspectos legislativos.	0,25 puntos
Penalizaciones a. Divagaciones b. Faltas de ortografía c. Errores garrafales	A restar según criterio del propio tribunal
Totales	5 Ptos.

En **2013**, la Convocatoria de Primaria en **Castilla-La Mancha** incluían estos **criterios**:

PARTE 1B *DESARROLLO DE UN TEMA DE LA ESPECIALIDAD*	PESO ESPECÍFICO
1. Estructurar el tema de forma coherente, secuenciada, justificada y equitativa con todos los apartados.	25%
2. En relación a los contenidos desarrollados, responder al tema planteado, adaptándose al currículum, con aportaciones teórico-prácticas, siendo funcional para la práctica docente.	40%
3. Ser original y creativo en el desarrollo del tema, estableciendo conexiones con otros contenidos del currículum, con aportaciones personales fundamentadas que revelan la creación propia e inédita del mismo.	15%
4. El tema será afín a unas bases teóricas, a una fundamentación científica de la que parte el currículum, al tiempo que aporta ideas nuevas.	5%
5. Mostrar una lectura fluida y comprensible, con una actitud transmisora y un desarrollo expositivo que se ciñan al tema.	15%

En la Convocatoria de **Secundaria** de **Andalucía** de **2016**, los criterios o "indicadores" a tener en cuenta por los tribunales para el examen escrito, son:

INDICADORES

• ESTRUCTURA DEL TEMA:

- Índice (adecuado al título del tema y bien estructurado y secuenciado).
- Introducción (justificación e importancia del tema).
- Desarrollo de todos los apartados recogidos en el título e índice.
- Conclusión (síntesis, donde se relacionan todos los apartados del tema).
- Bibliografía (cita fuentes diversas, actualizadas y fidedignas).

• EXPRESIÓN Y PRESENTACIÓN:

- Fluidez en redacción, adecuada expresión escrita: ortografía y gramática.
- Riqueza y corrección léxica y gramatical (IDIOMAS).
- Limpieza y claridad.

• CONTENIDOS ESPECÍFICOS DEL TEMA:

- Nivel de profundización y actualización de los contenidos.
- Valoración o juicio crítico y fundamentado de los contenidos.
- Ilustra los contenidos con ejemplos, esquemas, gráficos...
- Secuencia lógica y ordenada.
- Uso correcto y actualizado del lenguaje técnico.

CONSEJOS SOBRE CÓMO ESTUDIAR LOS TEMAS. ESTRATEGIAS.

Exponemos una serie de consejos que solemos dar a nuestros opositores:

- Cada uno tiene un "método" que ha experimentado durante su vida de estudiante, sobre todo a nivel universitario, de ahí que nuestra influencia sea relativa. No obstante, muchos nos reconocen que "*nunca hemos estudiado en profundidad hasta comenzar a prepararnos las oposiciones*".

- Reconocemos que hay **múltiples** formas de estudio. Hemos tenido opositores que necesitaban estar tumbados, otros sentados y en total silencio, otros tenían que tener forzosamente una tenue música de fondo, etc. Es decir, existen muchas maneras con más o menos **dependencia/independencia** de **campo**.

- Unos precisan **luz** natural, otros luz blanca o azul, con flexo cercano o con la de la lámpara del techo...

- Hay quien prefiere estudiar a base de **resúmenes** hechos en un procesador de textos y otros, en cambio, tenían que estar a mano.

- Muchos prefieren **grabar** verbalmente los contenidos para reproducirlos cuando viaja, corre, nada o anda y así aprovechar estos "tiempos muertos".

- Otros requieren **gráficos** y mapas conceptuales. Incluso, hemos tenido los que preferían hacer un póster-esquema y colgarlo a la pared para leerlo de pie...

- Otro grupo lo conforman aquellos que prefieren subrayar o señalar los puntos clave con rotulador marcador tipo fluorescente, otros a lápiz... Eso sí, lo señalado debe tener encadenamiento o cohesión interna para verterlo, ya redactado, en el examen, de ahí que **debamos estudiar escribiendo**, porque el examen escrito trata de ello.

- Debemos usar bolígrafos de gel por ser más rápidos en su trazo y papel tamaño A4, que es el que nos van a proporcionar el día del examen. Ojo a los tipos de **bolígrafos permitidos** por los tribunales, debemos estar muy atentos a lo que nos dicen el día de la **presentación**. Independientemente de ello, debemos acostumbrarnos a poner el folio directamente sobre la superficie dura de la mesa, ya que así la velocidad de escritura es superior que si lo situamos encima de otros folios porque éstos hacen que el espacio de apoyo nos frene por ser más blando. Un **reloj** para controlarnos los tiempos es imprescindible también.

- En cualquier caso, no sería bueno estudiar más de dos horas seguidas, sobre todo si estamos sentados. Ello, normalmente, acarrea contracturas dorso-lumbares, en los miembros inferiores, etc. con el consiguiente dolor y molestia. Lo mismo podemos decir a nivel de nuestra visión.

- Realizar **actividad física o deportiva** varias veces a la semana es muy aconsejable por simple razón de compensación y revitalización personal.

- Es bueno, pues, cada dos horas aproximadamente, hacer un **alto horario** de 8-10 minutos para despejarnos mentalmente y estirarnos físicamente. Beber **agua** y la ingesta de **fruta** suele ser positivo. Esto es extensible al día del examen de la oposición.

- No obstante, si la convocatoria nos dice que el escrito durará más de este tiempo, debemos paulatinamente aumentar las dos horas hasta llegar al **tope** marcado.

- Siempre recomendamos realizar una **planificación** semanal personalizada, que regule nuestro **tiempo** destinado al estudio (avance y repaso de los temas del escrito, casos prácticos, exposición oral), al trabajo, deporte, ocio, obligaciones familiares, etc. Ver tabla/ejemplo en la página siguiente.

- **¿Cuánto tiempo dedicar al estudio?** No podemos dar "recetas" pues depende del nivel previo de cada opositor. Hay quien trae excelentes aprendizajes previos de la carrera y hay quien ese nivel lo trae demasiado básico. Otros ya tienen experiencias en oposiciones, etc. Así pues cada uno debe auto regularse en función de sus capacidades y sus circunstancias personales. Genéricamente podemos indicar que, al menos, 4-6 horas/día divididas por un descanso de 10-15 minutos puede ser un estándar adecuado. A partir de ahí, personalizar en función del avance o no obtenido.

- Siempre debemos tener un "**molde personal**" en función de la capacidad grafomotriz, habida cuenta el **ahorro** de tiempo y energía que nos supone seguir esta estrategia.

- De cualquier forma, debemos respetar el dicho popular "*lo que no se recuerda, no se sabe*", de ahí **memorizar comprensivamente** lo más significativo.

- La **memoria**, al igual que ocurre con la condición física, se mejora ejercitándola con frecuencia.

- Tan importante es memorizar un tema nuevo como no olvidar los ya aprendidos, por lo que es necesario **consolidar**, repasando, lo estudiado. Comprobar que dominamos temas anteriores mejora nuestra capacidad de auto concepto.

- De ahí la importancia de estudiar teniendo delante nuestro **resumen personalizado** y olvidarnos de aumentar los contenidos del tema porque, además de crearnos inquietudes, posiblemente no podamos reflejar todo lo que sabemos en el tiempo que tenemos de examen.

Mostramos en el siguiente **gráfico** un claro y rápido ejemplo de cómo auto planificarse el estudio durante la semana a partir de tres **módulos** diarios:

EJEMPLO DE PLANIFICACIÓN SEMANAL-TIPO
Combinación de estudio-repaso-programación-UU.DD.-prácticos-trabajo profesional-descanso

LUNES	MARTES	MIÉRCOLES	JUEVES	VIERNES	SÁBADO	DOMINGO
MAÑANA	MAÑANA	MAÑANA	MAÑANA	MAÑANA	MAÑANA	MAÑANA
TRABAJO	Estudio tema nuevo semana	TRABAJO	Repaso tema nuevo	TRABAJO	Casos Prácticos	Libre
TRABAJO	Estudio tema nuevo semana	TRABAJO	Programación	TRABAJO	Casos Prácticos	Libre
TARDE	TARDE	TARDE	TARDE	TARDE	TARDE	TARDE
Estudio tema nuevo semana	Programación	Repaso temas anteriores	UU. DD.-U.D.I.	Sesión de clase con preparador	Repaso temas anteriores	Repaso temas anteriores

RECOMENDACIONES PARA LA REALIZACIÓN DEL EXAMEN ESCRITO. ESTRATEGIAS.

NOTA: Muchos de los consejos que ahora damos, sobre todo los relacionados con la presentación, escritura, etc. son también aplicables a la realización por escrito de los casos prácticos, si los hubiera.

En las convocatorias anteriores se ha comprobado que la mayoría de aprobados en el examen escrito tenían **buena letra**, además de contenidos notables. Efectivamente, entre los criterios de evaluación que utilizan los tribunales hay algunos puntos destinados a la **presentación** que no podemos desechar. Incluso, si la Orden de la Convocatoria indica que el opositor deberá **leer** su propio **examen** ante el tribunal, éste suele comprobar posteriormente su estructura, sintaxis, ortografía, etc.

No llegar a tiempo a los llamamientos supone la primera **precaución** a tomar. En ocasiones, las instalaciones donde se celebran las oposiciones se ven saturadas desde varios kilómetros antes de llegar. A ello hay que sumar el tiempo para aparcar, buscar el aula asignada, etc. **Llegar tarde** puede suponer la **no presentación** y la consiguiente **eliminación**.

Gracias a las observaciones hechas por los tribunales de años anteriores y por los criterios de evaluación que han transcendido, estamos en disposición de apuntar una serie de anotaciones a considerar por las personas opositoras durante su periodo de preparación con nosotros. Habitualmente los tribunales reservan parte de la nota total para los **aspectos "formales"** del examen, que ahora comentamos. Esto es de vital importancia porque dos opositores con igual cantidad y calidad de contenidos, sacará mejor nota quien mejor lo presente. Ante ello, reservar algunos minutos para poder **revisar** el examen antes de entregarlo, teniendo en cuenta lo siguiente:

- Nadie aprueba con **mala letra**. Igual decimos de la presentación y limpieza.
- Esto lo hacemos extensivo a las faltas de **ortografía**, acentuación, mala **sintaxis**, incorrecciones **semánticas**, **expresión** y **redacción**, **vulgarismos**, **repetir la misma palabra** continuadamente, **tachones**, suciedad, etc. No podemos "escribir igual que hablamos". También, no poner el número del tema elegido o su título. Otro error habitual es el mal uso de los puntos, bien seguido, bien aparte.
- Debemos escribir por **una carilla** -al menos que el tribunal indique otra cosa- con letra más bien grande para facilitar su lectura. No poner detalles como "no recuerdo…"; "creo que…"; "no me da tiempo…"; "me parece que es…".
- La **media** de **folios** (carillas o páginas) que suelen hacer nuestros preparados están entre **14 y 16**, con **17-22 renglones** cada una (20 lo habitual) y **9 palabras/renglón**, teniendo en consideración unos **márgenes laterales** y **superior e inferior** de 2 a 2'5 centímetros. No obstante, conforme avanza la preparación y la habilidad para escribir este tipo de examen, hay quien aumenta el volumen de páginas de manera significativa, pero siempre manteniendo y respetando los criterios de evaluación que suelen tener los tribunales: letra, limpieza, construcción semántica, ortografía, etc. Si preferimos escribirlo en un procesador de textos, como puede ser "Word", el número de palabras suele estar alrededor de las 2400-2700, aproximadamente.
- Los **renglones** deben ser **paralelos** y siempre con el mismo **interlineado**. En caso de tener problemas para hacerlo, podemos llevarnos una **plantilla** ya hecha, como una hoja tamaño folio de cuaderno de rayas, o bien hacerla allí

mismo con lápiz y regla. Si tampoco pudiese ser (a veces los tribunales han hecho especial hincapié en "no entrar con plantilla, regla, etc."), nos esmeraríamos en la realización de la primera página, aunque tardásemos más tiempo, y ésta nos serviría como "falsilla" o planilla de renglones. Otro "**truco**" es hacerla a partir del **DNI** al que previamente le hemos hecho unas señales minúsculas con la anchura que deseamos. Éste nos sustituiría a la regla.

- No se puede ser "loco o loca" escribiendo. Para ello es importante el **entrenamiento** durante el periodo de preparación. De ahí surge la **automatización** de todos estos aspectos, además del sangrado, márgenes, etc. No poner abreviaturas.
- Por otro lado debemos **numerar** las hojas, incluso algunos lo hacen poniendo "1 de 15; 2 de 15…".
- La utilización de **dos colores** de tinta **no** suele estar **permitido**, como tampoco subrayados para señalizar los títulos, epígrafes, ideas fundamentales, etc., al menos que el tribunal exprese lo contrario. En todo caso, **preguntar** al tribunal antes de empezar si es posible su uso, así como de tippex. También si se pueden poner gráficos, flechas, tablas, etc., si el tribunal lo permite, pero la Orden de la Convocatoria suele prohibirlo por considerarlo posible "**señal**". Un **bolígrafo** tipo **gel** y apoyarnos sobre un **superficie dura** para que éste se deslice mejor, nos permite mayor velocidad de escritura manteniendo su calidad. Quienes suelen hacer tachaduras, previendo que no les dejen usar tippex, pueden optar por un **bolígrafo borrable por fricción** (marca Pilot o similar) que elimina cualquier rastro de su propia tinta. No obstante, determinados "bolígrafos rápidos" que se basan en tinta tipo gel, suelen ser peor para opositores **zurdos**, por razones obvias. Recordamos la necesidad de seguir exactamente las **instrucciones** que nos dé el tribunal al respecto, habida cuenta tenemos experiencias sobre la **anulación** de exámenes por el uso de este tipo de herramienta de escritura.
- No olvidemos que la mayoría de los títulos de los temas tienen tres puntos, por lo que debemos **dividir** la totalidad de materia que escribamos en tres partes similares. De esa forma, evitamos exponer mucho contenido de una parte en perjuicio de otra. Así pues, normalmente haremos tres puntos con varios sub-puntos cada uno buscando la conexión entre los mismos. Además, pondremos el **índice** al principio, tras el título, **introducción**, **conclusiones**, **bibliografía** -que incluye la legislación- y webgrafía. En **resumen**, queda muy bien, limpio y "amplio", la estructuración del examen de esta manera:

    - **Título** del Tema. 1ª página. Mayúsculas y en una única página.
    - **Índice**. 2ª página. En una sola página.
    - **Introducción**. 3ª y 4ª página. Debe tener cierta peculiaridad con objeto de atraer la curiosidad del corrector. Nombrar los descriptores del título y en cada uno dar una o dos referencias del mismo. Podemos "presentarlo" a través de su importancia en el currículo y citar sus referencias legislativas. Usar, preferentemente, dos páginas.
    - **Apartados o descriptores** y los sub-apartados. 5ª página. Es el eje alrededor del cual gira la nota relativa a los contenidos. Incluye definiciones, clasificaciones, teorías, líneas metodológicas, referencias curriculares, aplicaciones prácticas, actividades, etc., todo ello citando a autores y normativa que luego quedarán reflejados en la bibliografía, pero con una redacción técnica. En cualquier caso debemos marcar claramente cuándo finalizamos el primer punto y comenzamos el siguiente. Si somos "olvidadizos", podemos dejar un interlineado relativamente amplio por si nos acordamos después de algún detalle olvidado y deseamos incorporarlo sin tachones.

- **Conclusiones**. Lo más notable que hemos tratado, los puntos clave. Al ser lo último que el corrector lee, deben estar muy cuidadas porque puede influir decisivamente en la nota.
- **Bibliografía**. Reseñar algún libro "comodín" y de los autores nombrados anteriormente. También la legislación significada.
- **Webgrafía**. Alguna general, como revistas digitales, o específica.

En cualquier caso, es **imprescindible** conocer los **criterios de evaluación** que van a seguir los tribunales, máxime si son públicos, como viene ocurriendo en varias comunidades autónomas, y en Andalucía de forma más concreta, tal y como hemos citado en el capítulos anteriores. Debemos, pues, hacer caso de ellos y citar o desarrollar todos los **aspectos** que los criterios mencionan.

Precisamente, el tiempo no lo podemos "regalar" ni despreciar, por lo que si terminamos el examen y aún quedan cinco o diez minutos, debemos **repasar** lo escrito por si se nos ha olvidado algo relevante o no hemos puesto la debida atención a las faltas gramaticales, sesgos sexistas, escritura con "códigos SMS", etc. Así pues, debemos agotar el tiempo subsanando cualquier error.

Si la preparación ha sido buena, nada más hacerse el sorteo de los temas, debemos decidirnos por uno. Inmediatamente nos concentramos y empezamos a desarrollarlo, porque debemos ya tener "**automatizada**" su escritura. Si empezamos a dudar, comenzamos a perder el escaso tiempo que nos dan.

En caso de haber estudiado con "**esquemas**", lo mejor sería hacernos uno en sucio para usarlo como guía en la redacción del examen. Este folio nos sirve también para tomar notas, para ir estructurando el tema, etc. Pero, repetimos, la escritura del tema debemos tenerla automatizada porque si no perdemos el tiempo. Esta hoja la destruiríamos al terminar.

Si hemos preparado una introducción, conclusiones, bibliografía y webgrafía "estándar", podemos irlas escribiendo en el llamado "**tiempo perdido**" que suele haber desde que nos dan los folios hasta que sortean los números de los temas. Después podemos añadir los rasgos específicos del tema ya elegido.

Nuestros preparados suelen preguntarnos por la expresión a usar. Aconsejamos el "**plural mayestático**" (*nosotros, ahora vemos, podemos seguir, observamos*, etc.)

Otro aspecto importante es la **elección** del tema de entre los sorteados. Debemos hacer el que dominemos mejor, el que ya lo hayamos escrito muchas veces durante la preparación, el que nos garantice escribir más folios, en suma, el que nos dé más seguridad.

No olvidar llevarse **agua** y alguna pieza de **fruta**. Normalmente a finales de junio suele hacer mucho **calor** y la sensación de éste aumenta con la tensión del examen.

Ahora adjuntamos una **hoja con un resumen** de los **aspectos formales** del examen escrito del tema, aunque aplicable también a la redacción de los **casos prácticos**.

MODELO ESTÁNDAR DE PRESENTACIÓN PARA PRUEBA ESCRITA

2.- COORDINACIÓN Y EQUILIBRIO EN LA INICIACIÓN AL FÚTBOL ESCOLAR.

2.1. CONCEPTUALIZACIONES PRELIMINARES.

Desde un primer momento es adecuado tener en cuenta que cualquier movimiento, por mínimo que sea, requiere coordinación y equilibrio adecuados. Por ejemplo, abrir y cerrar una mano conlleva que una serie de grupos musculares realicen (agonistas) la acción y que otros se relajen (antagonistas) para que aquéllos puedan actuar, así como que otros grupos estabilicen (fijadores) los de la muñeca para que lo anterior pueda tener lugar (Téllez, 2014).

La coordinación nos permite hacer lo pensado, es decir, realizar la imagen mental que nos hemos hecho, el esquema motor. Está íntimamente ligada a las habilidades y destrezas básicas a través de su relación con la coordinación dinámico general y la coordinación óculo-segmentaria, respectivamente (Mateos y Garriga, 2015).

Precisamente, las edades porpias de la Primaria son las más críticas para el desarrollo de las capacidades coordinativas (Bugallal, 2011).

Si nos fijamos atentamente en un partido de fútbol podemos observar numerosas acciones diferentes y que, mal hechas, pueden producir lesiones, como dejinses:

a) Carreras

b) Saltos

c) Giros

d) Lanzamientos

Todos ellos con infinidad de VARIANTES. Para que todos esos gestos "salgan bien" havrá habrá sido necesario un director que regule todos los mov. Esta es la función del sistema nervioso.

PARTES ESTÁNDARES A TODOS LOS TEMAS.

Muchas de las personas que preparamos tienen **problemas** por la falta de tiempo o de, simplemente, por ser poco capaces de aprender **introducciones, conclusiones, bibliografías, legislación y webgrafía** de cada uno de los temas.

Uno de los **remedios** para no "castigar" la memoria es confeccionarse unos "**estándares**" o "**comunes**" que den servicio a estos apartados.

Si a ello le unimos la racionalidad en la confección del Índice, a partir de los tres o cuatro apartados o descriptores del título del tema, hemos ahorrado un esfuerzo a nuestra memoria.

Así pues, vamos a dar una serie de **consejos** para que cada persona lectora los elabore de una forma sencilla pero eficaz unos textos usuales, si bien deberíamos a continuación podríamos **complementarlos** con unos **rasgos específicos** del tema que, prácticamente, nos vienen dado por el **título** del tema que nos escribirá el tribunal en la pizarra de la sala de examen. Por ejemplo, si la Introducción la hacemos en dos páginas, los aspectos comunes pueden suponer entre el 60-75 %, es decir, página y un tercio de la siguiente. Si la Conclusión la hacemos en una única, las tres cuartas partes podemos dedicarla a los textos estandarizados y el resto a los concretos del tema escrito.

INTRODUCCIONES COMUNES A TODOS LOS TEMAS

Cuando hemos hablado con los componentes de los tribunales, habitualmente nos indican que suelen fijarse en el "detalle" de si el opositor ha puesto desde el principio o no **referencias** a la **legislación actual**, debido a que suelen entender que cualquier tema debe redactarse **a partir** de las leyes educativas, decretos y órdenes que las desarrollan. Así pues, debemos hacer mención, **respetando su jerarquía**, de:

- Ley Orgánica 8/2013, de 9 de diciembre, para la mejora de la calidad educativa (LOMCE). B.O.E. nº 295, de 10/12/2013.
- Ley Orgánica 2/2006, de 3 de mayo, de Educación (LOE). B.O.E. nº 106 del 04/06/2006. (Modificada por la LOMCE/2013).
- Ley 17/2007, de 10 de diciembre, de Educación en Andalucía. B.O.J.A. nº 252, de 26/12/2007.
- M. E. C. (2014). *Real Decreto 126/2014, de 28 de febrero, por el que se establece el currículo básico de la Educación Primaria.* B. O. E. nº 52, de 01/03/2014.
- M.E.C. (2015). *Orden ECD/65/2015, de 21 de enero, por la que se describen las relaciones entre las competencias, los contenidos y los criterios de evaluación de la educación primaria, la educación secundaria obligatoria y el bachillerato.* B.O.E. nº 25, de 29/01/2015.
- JUNTA DE ANDALUCÍA (2015). *Decreto 97/2015, de 3 de marzo, por el que se establece la ordenación y el currículo de la educación Primaria en la comunidad Autónoma de Andalucía.* BOJA nº 50 de 13/013/2015.
- JUNTA DE ANDALUCÍA (2015). *Orden de 17 de marzo de 2015, por la que se desarrolla el currículo correspondiente a la educación Primaria en Andalucía.* BOJA nº 60 de 27/03/2015.

No obstante, entendemos que sería un buen detalle **citar** también a las **Competencias Clave**, habida cuenta su importancia a partir de la publicación de la LOE/2006, actualizada por la LOMCE/2013.

Igualmente podemos hacer mención a la legislación correspondiente a la evaluación o a la relacionada con la atención a la **diversidad**, pero tanto texto no nos cabe, de ahí la necesidad de **sintetizar** la información que consideremos más representativa.

Otra línea es plasmar alguna "**frase hecha**", como *"enseñar Educación física con éxito supone diseñar una programación coherente con el contexto, disponer de un amplio abanico de estrategias didácticas, generar un clima de clase que invite al aprendizaje, utilizar adecuadamente los recursos materiales y tecnológicos e integrar la evaluación en el proceso de aprendizaje"* (Blázquez y otros, 2010).

Otro ejemplo puede ser: *"Uno de los fines genéricos que persigue la Educación Física escolar es el de favorecer la ubicación personal del alumno/a en la sociedad, en una cultura corporal donde la escuela proporcione al alumnado los medios apropiados para su acceso y, en consecuencia, conseguir los beneficios que de ella pueden conseguir: desarrollo personal; equilibrio psicofísico; mejorar la salud; disfrutar del tiempo de ocio; etc., así como el desarrollo de la autonomía personal ante las influencias que imponen los nuevos mitos sociales"*. *"El cuerpo y el movimiento como ejes básicos de nuestra acción educativa"*; *"el área de Educación Física se muestra sensible a los acelerados cambios que experimenta la sociedad..."*; *"la importancia de las relaciones interpersonales que se generan alrededor de la actividad física permiten incidir en la asunción de valores como el respeto, la aceptación, la cooperación..."*, procedentes de legislaciones pasadas, pero de plena actualidad por la temática expresada.

Posteriormente, en la Introducción debemos hacer referencias a la materia que trata el tema elegido, lo que antes hemos referenciado como "rasgos específicos". Esto nos resulta fácil con un poco de práctica, simplemente comentando una o dos líneas a partir del título del tema que el tribunal detalla en la pizarra. No obstante, el sentido de lo que expresemos debe ir encaminado a lo que "vamos a tratar en el desarrollo del tema..."

CONCLUSIONES COMUNES A TODOS LOS TEMAS

Si en las introducciones se basan en lo que "vamos a estudiar en el tema...", con las Conclusiones ocurre al contrario: "a lo largo del tema hemos visto (escrito, estudiado, tratado, etc.) la importancia de..." Para ello podemos **actuar** como antes, es decir, un par de **párrafos comunes** a todas las temáticas. Por ejemplo, "la trascendencia del conocimiento del propio cuerpo, vivenciándolo y disfrutándolo, además de respetarlo". Otra posibilidad es incluir un párrafo basándonos en algunos ejemplos de estos textos **estandarizados**:

"Todos los niños y niñas tienen el derecho a una educación de calidad que permita su desarrollo integro de sus posibilidades intelectuales, físicas, psicológicas, sociales y afectivas" (Decreto 328/2010). *"Entendemos la etapa de primaria como fundamental para el desarrollo de las capacidades motrices del alumnado y donde el docente debe observar las deficiencias de éstos para corregirlas lo más rápidamente posible"*.

En Andalucía, la O. 17/03/2015, indica que: *"la Educación Física es un área en la que se optimizan las capacidades y habilidades motrices sin olvidar el cuidado del cuerpo, salud y la utilización constructiva del ocio. En Educación física se producen relaciones de cooperación y colaboración, en las que el entorno puede ser estable o variable, para conseguir un objetivo o resolver una situación. La atención selectiva, la interpretación de las acciones de otras personas, la previsión y anticipación de las propias acciones teniendo en cuenta las estrategias colectivas, el respeto de las normas, la resolución de problemas, el trabajo en grupo, la necesidad de organizar y adaptar las respuestas a las variaciones del entorno, la posibilidad de conexión con otras áreas, el juego como herramienta primordial, la imaginación y creatividad*".

Posteriormente plasmamos algunos rasgos de lo más característico que hemos escrito durante la redacción del tema escogido. Realmente se trata de que destaquemos lo más trascendental de cada uno de los apartados de los descriptores del título, pero con información nueva, expresando que "a lo largo del tema hemos visto la importancia de..." o "hemos indicado en la redacción del tema los conceptos, clasificaciones, didáctica de...".

BIBLIOGRAFÍA COMÚN A TODOS LOS TEMAS

Hay quien diferencia **bibliografía** de **legislación**. Nosotros, al estar ambos documentos en formato papel, lo **unificamos**.

Evidentemente cada tema tiene una serie de volúmenes principales o monográficos de apoyo, pero también está muy claro que hay una serie de **libros generales de didáctica** que vienen muy bien tenerlos en cuenta para ponerlos en la mayoría de los temas. Son las publicaciones que habitualmente se manejan en las facultades de Magisterio. Los tribunales suelen valorar más ediciones de los **últimos años**, aunque siempre habrá libros "clásicos", sobre todo las **monografías** de conocidos autores y que son muy **específicas de los temas**. Por ejemplo, Delgado Noguera en temas relacionados con la metodología y organización; Blázquez con evaluación y con la iniciación deportiva; Rigal en motricidad, etc.

Algunos ejemplos de bibliografía **común**, es decir, libros que prácticamente en su totalidad tratan **todas** las **materias** de los veinticinco temas, son:

ADAME, Z. y GUTIÉRREZ DELGADO, M. (2009). *Educación Física y su Didáctica. Manual de Programación*. Fondo Editorial de la Fundación San Pablo Andalucía CEU. Sevilla.

ARRÁEZ, J. M.; LÓPEZ, J. M.; ORTIZ, Mª M. y TORRES, J. (1995). *Aspectos básicos de la Educación Física en Primaria. Manual para el Maestro*. Wanceulen. Sevilla.

BLÁZQUEZ, D.; CAPLLONCH, M.; GONZÁLEZ, C.; LLEIXÁ, T.; (2010). *Didáctica de la Educación Física. Formación del profesorado*. Graó. Barcelona.

CAÑIZARES, J. Mª y CARBONERO, C. (2009). *Currículum de Educación Física en Primaria para Andalucía.* Wanceulen. Sevilla.

CAÑIZARES, J. Mª y CARBONERO, C. (2009). *Currículum de Educación Física en Primaria*. Wanceulen. Sevilla.

CHINCHILLA, J. L. y ZAGALAZ, M. L. (2002). *Didáctica de la Educación Física*. CCS. Madrid.

CONTRERAS, O. R. y GARCÍA, L. M. (2011). *Didáctica de la Educación Física. Enseñanza de los contenidos desde el constructivismo.* Síntesis. Madrid.

CONTRERAS, O. y CUEVAS, R. (2011). *Las Competencias Básicas desde la Educación Física.* INDE, Barcelona.

FERNÁNDEZ GARCÍA, E. -coord.- (2002). *Didáctica de la Educación Física en la Educación Primaria.* Síntesis. Madrid.

FERNÁNDEZ GARCÍA, E. -coord.- CECCHINI, J. A. y ZAGALAZ, Mª L. (2002). *Didáctica de la educación física en la educación primaria.* Síntesis. Madrid.

GALERA, A. D. (2001). *Manual de didáctica de la educación física. Una perspectiva constructivista moderada.* Vol. I y II. Paidós. Barcelona.

GIL MORALES, P. (2001). *Metodología didáctica de las actividades físicas y deportivas.* Fundación Vipren. Cádiz.

SÁENZ-LÓPEZ, P. (2002). *La Educación Física y su Didáctica.* Wanceulen. Sevilla.

SÁNCHEZ BAÑUELOS, F. (1996) *Bases para una Didáctica de la Educación Física y los Deportes.* Gymnos. Madrid.

SÁNCHEZ BAÑUELOS, F. y FERNÁNDEZ, E. -coords.- (2003). *Didáctica de la Educación Física para Primaria.* Prentice Hall.

SÁNCHEZ GARRIDO, D. y CÓRDOBA, E. (2010). *Manual docente para la autoformación en competencias básicas.* C.E.J.A. Málaga.

VICIANA, J. (2002). *Planificar en Educación Física.* INDE. Barcelona.

VILLADA, P. y VIZUETE, M. (2002). *Los Fundamentos teóricos-didácticos de la Educación Física.* Secretaría General Técnica del M. E. C. D. Madrid.

VV. AA. (2008). *Colección de manuales de atención al alumnado con necesidades específicas de apoyo educativo.* (10 volúmenes). C. E. J. A. Sevilla.

ZAGALAZ, Mª L.; CACHÓN, J.; LARA, A. (2014). *Fundamentos de la programación de Educación Física en Primaria.* Síntesis. Madrid.

Esta relación, o parte de ella, no debe aparecer en exclusiva. Antes que nada debemos recordar que es muy conveniente **reseñar autores y año** de publicación **durante** la **redacción** de los diversos apartados o descriptores. Esto, obviamente, nos obliga a incluirlos en la bibliografía "específica" de cada tema. Por ejemplo, en los temas relacionados con la psicomotricidad (7 – 9 – 10 – 11) recomendamos citar a:

RIGAL, R. (2006). *Educación motriz y educación psicomotriz en Preescolar y Primaria.* INDE. Barcelona.

SASSANO, M. (2015). *El cuerpo como origen del tiempo y del espacio. Enfoques desde la Psicomotricidad.* Miño y Dávila editores. Buenos Aires.

TAMARIT, A. (2016). *Desarrollo cognitivo y motor.* Síntesis. Madrid.

Hay una serie de **documentos legislativos** "obligatorios" porque, entre otras cosas, los hemos debido referir en el examen escrito. Además, debemos reseñar otros **específicos** de los temas. Por ejemplo, si tratamos la "evaluación", debemos anotar la Orden de 4 de noviembre de 2015, por la que se establece la ordenación de la evaluación del proceso de aprendizaje del alumnado de educación Primaria en la Comunidad Autónoma de Andalucía.

La legislación general ya la hemos indicado en el apartado anterior sobre "Introducciones comunes", aunque referida a Andalucía. **Cada persona opositora debe adecuarla a la comunidad autónoma donde se presente**.

WEBGRAFÍA COMÚN A TODOS LOS TEMAS

Hoy día muchas de nuestras fuentes consultadas se encuentran en **Internet**, de ahí que debamos señalar algunas **webs fiables**. Nos inclinamos por revistas electrónicas de prestigio en la didáctica general y en la educación física en particular, así como a los portales de las propias **consejerías** de educación de la comunidades autónomas. Todas ofrecen recursos didácticos, experiencias... y legislación aplicada.

Algunos ejemplos, son:

http://www.agrega2.es
http://recursos.cnice.mec.es/edfisica/
http://www.ite.educacion.es/es/recursos
http://www.educarm.es/admin/recursosEducativos#nogo
www.juntadeandalucia.es/educacion/descargasrecursos/curriculo-primaria/index.html
http://www.gobiernodecanarias.org/educacion/webdgoie/
http://www.educarex.es/web/guest/apoyo-a-la-docencia
http://www.catedu.es/webcatedu/index.php/recursosdidacticos
http://www.adideandalucia.es

TEMA 25

LA COEDUCACIÓN E IGUALDAD DE SEXOS EN EL CONTEXTO ESCOLAR Y EN LA ACTIVIDAD DE EDUCACIÓN FÍSICA. ESTEREOTIPOS Y ACTITUDES SEXISTAS EN LA EDUCACIÓN FÍSICA. INTERVENCIÓN EDUCATIVA.

ÍNDICE

INTRODUCCIÓN

1. LA COEDUCACIÓN E IGUALDAD DE SEXOS EN EL CONTEXTO ESCOLAR Y EN LA ACTIVIDAD DE EDUCACIÓN FÍSICA.

    1.1. Evolución histórica.

    1.2. Tipos de escuelas.

2. ESTEREOTIPOS Y ACTITUDES SEXISTAS EN LA EDUCACIÓN FÍSICA.

    2.1. El currículum oculto.

3. INTERVENCIÓN EDUCATIVA.

CONCLUSIONES

BIBLIOGRAFÍA

WEBGRAFÍA

INTRODUCCIÓN

La inclusión de la coeducación en el Sistema Educativo en general y en el currículum de la Educación Primaria en particular, se apoya en argumentos legales y en razones de tipo social, sobre todo a partir de la publicación de la LOGSE.

Desde diversos colectivos, sindicatos, Centros de Profesorado, Movimientos de Renovación Pedagógica, etc. se han venido haciendo esfuerzos desde hace décadas para paliar las tendencias sexistas en la escuela con cursos, experiencias de reflexión y autoformación, etc. A ello se han sumado acciones institucionales que han hecho posible cambios en la actual legislación educativa española, que incluye el **principio** de igualdad de oportunidades entre los sexos y la incorporación en el currículo de este principio como un eje o tema transversal. Como ejemplos citamos el "Día Internacional de la Mujer", cada 8 de marzo; el "Día Internacional contra la violencia hacia las mujeres", el 25 de noviembre y las campañas anuales del "Juego y juguete no sexista, no violento". También debemos señalar el apoyo que presta, en todos los sentidos, el Instituto Andaluz de la Mujer.

El **I Plan de Igualdad** entre Hombres y Mujeres en Educación, que es un Acuerdo tomado el 02/11/2005 por el Consejo de Gobierno de la Junta de Andalucía, recoge medidas para corregir estereotipos y actitudes sexistas en el ámbito escolar (Marín, 2007). Como medida importante del Plan está la creación, en los centros públicos, de los **Responsables de Coeducación** para establecer el diagnóstico sobre el tema y coordinar las actividades que sirvan para el desarrollo de las actuaciones en sus propios centros y la incorporación, más adelante, de personas expertas en materia de género en los Consejos Escolares para que asesoren a la comunidad educativa, de acuerdo con lo establecido en la Ley Integral de Medidas contra la Violencia de Género, Ley Orgánica 1/2004, de 28/12/04 (VV. AA., 2006). También debemos citar el *Acuerdo de 16 de febrero de 2016, del consejo de Gobierno, por el que se aprueba el **II Plan Estratégico** de Igualdad de Género en educación 2016-2021.* BOJA nº 41, de 02/03/2016. Señala la creación de la creación de la Red Andaluza de Centros Igualitarios y Coeducativos, para aquellos centros que voluntariamente quieran participar, profundizando en sus Planes de Igualdad de Género, fomentando el intercambio de experiencias y buenas prácticas entre los centros e impulsando la cultura de la evaluación y diagnóstico con perspectiva de género, así como reconocimiento como centro promotor de igualdad y coeducación de los centros de la Red Andaluza de Centros Igualitarios y Coeducativos con buenas prácticas así evaluadas.

La **ley orgánica 3/2007, de 22 de marzo, para la igualdad efectiva de mujeres y hombres**, recoge en el Capítulo II los criterios de orientación de las políticas públicas en materia de educación, cultura y sanidad. También citamos la **Ley 12/2007, de 26 de noviembre, para la promoción de la igualdad de género en Andalucía**.

Existen actitudes y comportamientos que, aunque sea de forma inconsciente, **transmiten** distintos mensajes según a quienes vayan dirigidos, que se ven **reforzados** por el contenido, lenguaje e imágenes de muchos materiales curriculares, incluso la elección profesional está condicionada, entre otros factores, por el entorno social y familiar, las expectativas de vida, la ambición personal y el nivel de autoestima (Trigo y Piñera, 2000).

Por ello, entendemos, se hace necesaria la **intervención** a través de una orientación desde las primeras etapas educativas, que posibilite que las personas puedan **elegir libremente**, en función de sus capacidades y preferencias, sin ninguna imposición social preestablecida, evitando así que en el momento de la elección académica y profesional nos limitemos a reproducir las divisiones tradicionales.

A lo largo del Tema veremos las causas que han provocado la discriminación hacia las chicas, qué características morfo-funcionales tienen con respecto a los chicos, -aunque en las edades de Primaria no tiene tanta relevancia- y cómo podemos intervenir desde la coeducación que promulga el Sistema Educativo.

1. LA COEDUCACIÓN E IGUALDAD DE SEXOS EN EL CONTEXTO ESCOLAR Y EN LA ACTIVIDAD DE EDUCACIÓN FÍSICA.

Este punto lo extractamos de M.E.C. (1987), M. Cultura e Instituto de la Mujer (1988), Vázquez y Álvarez -coord.- (1990), M.E.C. (1992), C.E.C. (1992), Subirats (1995), Vázquez (1996), VV. AA. (1996), Trigo y Piñera (2000), Vázquez (2000), Lasaga y Rodríguez (2006), VV. AA. (2006), Blanco (2007) y Piedra (2016).

El D.R.A.E. define la **coeducación** como "*educación que se realiza conjuntamente a niños y niñas, la cual supone igualdad entre los sexos*". **Sexo** es el conjunto de funciones atribuidas a mujeres u hombres y determinadas por la biología. **Género**, en cambio, es el conjunto de características atribuidas a mujeres u hombres en función de la cultura propia.

La **Escuela Coeducativa** implica no sólo educar conjuntamente a niños y niñas, tal y como sucede en el modelo mixto, sino que además debe procurar proporcionar los medios y condiciones para que todos y todas tengan las **mismas oportunidades** reales, en cuanto miembros de sus grupos, procurando **corregir** los sesgos sexistas y facilitando el acceso a un currículum equilibrado, en el que se respeten y potencien las cualidades individuales sea cual sea el género.

El carácter sexista de la enseñanza ha sido manifiesto en el Área de Educación Física, en la que hasta tiempos recientes la selección de los contenidos estaba muy definida:

Profesora → niñas: gimnasia rítmica, flexibilidad, danza...

Profesor → niños: carreras, deportes, saltos...

Si queremos potenciar y llevar a cabo una educación más igualitaria debemos fundamentar la enseñanza de la actividad física y deportiva en unos **objetivos** de trabajo que giren en torno al **cuerpo** y el **movimiento** como desarrollo pleno de la **personalidad**. Se trata de ofrecer un modelo educativo que, en el caso de la actividad física, tenga como finalidades: la búsqueda y promoción de la salud y el bienestar corporal, su adaptación al medio físico y social, el desarrollo y adquisición de habilidades motrices, la estética corporal, la función lúdica, expresiva y comunicativa, así como el conocimiento y control del propio cuerpo.

Si lo que estamos trabajando es, por ejemplo, el deporte, **chicas y chicos pueden incorporarse** a él a través de la identificación con dicha práctica deportiva en las que puede conjugarse tanto los valores considerados masculinos (impulsividad, protagonismos, dominancia, etc.) como los femeninos (expresividad, cooperación, solidaridad, etc.)

El **área** de Educación Física es uno de los **marcos ideales** donde promover estas ideas, puesto que el gran centro de interés es el cuerpo, su expresión y comunicación; además de ser las escuelas los lugares donde se conforman las actitudes básicas con las que nuestros chicos y chicas deberán incorporarse a la vida social, familiar y profesional del futuro.

El D. 85/1999, de 6 de abril, por el que se regulan los **derechos y deberes del alumnado** y las normas de convivencia, indica en el **artículo 5º** que la Comisión de Convivencia debe desarrollar iniciativas que eviten la discriminación del alumnado, incluso estableciendo planes de acción positiva para la integración. El **artículo 8º** establece el "derecho a la igualdad de oportunidades", que se promoverá a través de la no discriminación por razón de sexo (entre otras). Además, se crearán medidas compensatorias que garanticen la igualdad real de oportunidades. El **artículo 23º**, trata del "deber de respetar la diversidad", por lo que no debe haber ninguna discriminación de raza, sexo o cualquier otra circunstancia personal o social.

1.1. EVOLUCIÓN HISTÓRICA.

La coeducación como intervención escolar para producir cambios hacia una mayor igualdad entre hombres y mujeres, tiene en nuestro país y en Andalucía una historia que está íntimamente ligada a la evolución que el propio concepto de igualdad ha ido adquiriendo (VV. AA., 2006 b).

La educación de la mujer se ha considerado históricamente con un criterio realista, como reflejo de la relación de fuerzas entre hombre y mujer en el entramado social, que es lo mismo que decir con un criterio de discriminación e infravaloración (García Ferrando, 1997). La presencia de mujeres y hombres en el mundo se ha interpretado como inferioridad o complementariedad de las mujeres con respecto a los hombres. Esta forma de entender la diferencia de los sexos ha llevado consigo la discriminación de las mujeres en la vida cultural, económica y social y su posición de subordinación con respecto a los hombres (Alonso, 2010).

Bosch, Ferrer y Gili (1999), indican que el pecado original sirvió para justificar durante la antigüedad y Edad Media la necesidad de obediencia, silencio y confinamiento de las mujeres debido a su falta de discernimiento –ya que fue Eva quien hizo caer a Adán en el engaño-, por ello se desaconsejaba la instrucción de las mujeres y se sostenía su **inferioridad**.

- **Antecedentes históricos**

A lo largo de los siglos se han ido conformando una serie de falsas concepciones sobre el desarrollo físico de la mujer. En la época de Platón y Aristóteles, la mujer no podía practicar actividad física ni acceder a los sitios donde se practicaba. En cambio, en Esparta se les daba la misma educación que a los niños, si bien con éstos los ejercicios tenían una finalidad militar y con ellas unos fines eugenésicos (mejora de la raza humana).

- **Siglo XVIII**.

El "siglo educador" ve en las reformas educativas la solución de todos los problemas que aquejan al hombre. Se deseaba poner la educación al día, tanto en métodos como en contenidos y extenderla al mayor número posible de ciudadanos, sin embargo se debate todavía la posibilidad de **dar o no educación a las niñas** (Subirats y Brullet, 1988). Las bases del actual sistema educativo comienzan a construirse en Europa a mediados del siglo XVIII. El concepto educativo entonces entendía que entendía que hombre y mujer tenían destinos sociales distintos, por lo que así debería ser su educación. No obstante, poco a poco se va imponiendo una idea de educación más igualitaria y ya a éstas se les daban clases de música, dibujo, etc. La justificación pedagógica de la limitación de la mujer a la educación viene dada, entre otros, por J. J. Rousseau quien plantea y justifica unos principios de educación diferenciada expuestos en el "Emilio" y en el "Sofía", donde expresa que el destino de la mujer es el de servir al hombre...

Las leyes educativas españolas de los siglos XVIII y XIX indican que ambos sexos deben educarse en colegios distintos con enseñanzas diferenciadas. Las niñas, en este sentido, son más perjudicadas habida cuenta se las enseña básicamente a rezar y coser.

- **Siglo XIX**.

La educación recibe un serio impulso en diversas direcciones. Ya en 1821 se legisla que deben saber leer, escribir y contar, cuestiones que antes eran patrimonio exclusivamente masculino. Tras la revolución francesa e industrial nuevas ideas se extienden por todas partes. Se pretende **educar** al mayor número posible de individuos y conseguir así una **eficacia** mayor en el trabajo y la elevación social de las clases populares. En España, a partir de las Cortes de Cádiz, la cuestión pedagógica aparece como uno de los problemas fundamentales que hay que plantear. La enseñanza primaria se implanta en la escuela pública, manteniendo una total **diferenciación de género** masculino y femenino. A principios de siglo la educación femenina está en manos de **congregaciones religiosas**.

En 1857 se promulgó la "Ley Moyano", implantando la obligatoriedad de la enseñanza primaria para la totalidad de la juventud española. Concedió el derecho legal de las niñas a una educación académica e impulsó la creación de escuelas normales de Maestras (Madrid 1858), para mejorar el aprendizaje de las niñas, aunque su efectividad estuvo reducida.

En 1876 un grupo de profesores y catedráticos de Instituto y Universidad crearon la "**Institución Libre de Enseñanza**". Encabezados por Giner de los Ríos sienten la necesidad de renovar la educación en España. La "Institución" realizó un constante ensayo de los más variados métodos pedagógicos, **creó clases mixtas** y prestó una gran atención a las **actividades deportivas**. Desde 1876 hasta la guerra civil de 1936, la I.L.E. se convirtió en el centro de gravedad de toda una época de la cultura española y en cauce para la introducción de las más avanzadas teorías pedagógicas y científicas que se estaban desarrollando fuera de nuestras fronteras.

En el "Congreso de Pedagogía Hispano-Portugués-Americano" (1892), participan Concepción Arenal y Emilia Pardo Bazán. Ésta, que es considerada hoy día la primera defensora de los derechos de la mujer en España, asumió la necesidad de que las mujeres accedieran a la **educación en igualdad de condiciones** que los hombres.

- **Siglo XX**.

En los últimos años del siglo XIX y primeras décadas del XX, se registra un auténtico movimiento de **renovación** pedagógica. Aparecen las primeras "escuelas nuevas" preocupadas por remediar los defectos de la educación tradicional e inspirada en la Psicología y las ideas democráticas, como la Escuela Moderna de Ferrer i Guàrdia. Uno de sus **principios** se basa la **coeducación**. Los gobiernos totalitarios de Alemania, Italia y España **suprimieron** estas manifestaciones por ser irreconciliables con su doctrina.

En nuestro país, con la **República**, se ponen en práctica los principios de la Escuela Nueva y se avanza en la consolidación de una educación **integral** para la mujer. Ya en 1910 se había **autorizado el acceso** de las mujeres a la Universidad. Las primeras escuelas mixtas se instauran en 1918.

Entre 1936-39 la Guerra Civil **interrumpe** esta evolución. Terminada ésta, se impuso de nuevo el **estereotipo masculino-femenino en educación**. Se prohíbe, entre otras cosas, la coeducación y se introducen **asignaturas específicas** para uno y otro sexo. En 1945 se ordena la separación de los dos sexos, tanto para alumnos como para enseñantes: el profesorado imparte clase sólo a alumnado de su propio sexo. Hay que esperar hasta 1970 para que la Ley General de Educación establezca la posibilidad de la escuela mixta, aunque no coeducativa (VV. AA., 2006).

En todo este proceso la Educación Física de la mujer estuvo **condicionada** por las normas de la moral sexual tradicional, y se orientó teniendo en cuenta casi exclusivamente la **función reproductora**.

Aún cuando se aceptaba la necesidad de la Educación Física para la mujer, seguían vigentes estereotipos sobre la feminidad que impedían la práctica de determinados ejercicios porque eran considerados poco femeninos. Se tenían más en cuenta los aspectos físicos, estéticos y expresivos que los instrumentales. Así, la **gimnasia** sueca y rítmica potenciaba la **feminidad**. Por el contrario, los **deportes** fomentaban la **masculinidad**. Eso determinaba que los currícula escolares fueran diferentes (VV. AA., 2006).

Durante el Régimen militar español (1939-1974), ciertas especialidades deportivas estaban **vetadas** para las mujeres: ciclismo, lanzamiento de peso, salto con pértiga, boxeo, etc. Por ejemplo, hasta 1960 estuvo prohibido el atletismo femenino por el peligro de masculinización que suponía (Lasaga y Rodríguez, 2006). Poco a poco las federaciones fueron admitiendo a las chicas en su organización, por ejemplo el boxeo profesional se instaura en el año 2000.

Por todo ello, podemos afirmar que nuestro Sistema Educativo tuvo desde su origen las mismas ideas sociales: mujeres y hombres tenían "encomendados" tareas distintas y jerárquicamente ordenadas, por lo cual los modelos de educación escolar eran distintos (Piedra, 2016).

La coeducación en la clase de Educación Física es un hecho a partir de 1979 aproximadamente, en los institutos estatales. Hoy día ciertos colegios privados tienen en sus idearios la admisión exclusiva de alumnos de un único sexo.

Si la clase de Educación Física no quiere seguir siendo reproductora de estereotipos, ha de basarse en planteamientos que **eviten el sexismo** y que, al lado de la eficiencia física, busquen sobre todo las **vivencias personales**.

Además, desde un **prisma deportivo**, el **acceso** de la mujer ha sido **tardío** y lleno de **dificultades**, han tenido que ir superando barreras creadas por moldes sociales y culturales en todos los ámbitos.

El protagonismo deportivo, desde los primeros tiempos, ha estado tutelado por el varón. Raro era en las antiguas olimpiadas la participación de las mujeres. A principios del siglo XX algo empezó a cambiar a través del golf, equitación, tiro con arco y tenis. Fue la mujer burguesa, a modo de privilegio, quien lo inició para mantener relaciones sociales. El concepto médico de la época no aconsejaba la práctica deportiva por ser "contraria a la finalidad de la mujer: la maternidad". Los **valores** de la **feminidad** estaban basados en "**el hogar y la familia**".

En la España democrática, la aspiración de la igualdad entre ambos sexos se encuentra reflejada en la legislación vigente. Específicamente la **Constitución** de 1978, en sus artículos 14 y 9.2, **prohíbe** expresamente cualquier tipo de discriminación por razón de sexo y establece la obligación que corresponde a los poderes públicos de promover las condiciones para que la igualdad de las personas sea real y efectiva.

En nuestra Comunidad, el **Estatuto de Autonomía** para Andalucía establece la obligación de la Administración de promocionar la efectiva **igualdad** del hombre y la mujer, promoviendo la plena incorporación de ésta a la vida social y superando cualquier discriminación laboral, cultural, económica o política. Con el objeto de dar respuesta a estas responsabilidades, la Administración andaluza ha tomado numerosas iniciativas, entre las cuales caben destacar la creación del Instituto Andaluz de la Mujer (Ley 10/1988 de 29 de diciembre) y el Plan de Igualdad de Oportunidades de Andalucía (1990) que, a través de una serie de medidas, pretende conseguir unos niveles básicos de no discriminación, incidiendo en los ámbitos jurídico, educativo, cultural, formación para el empleo, salud y servicios sociales.

También la L.O.G.S.E., en su artículo 2.3c, explicitaba la formación educativa en la igualdad de sexos. En el artículo 57.3, hablando de los materiales didácticos, se propone la superación de todo tipo de estereotipos discriminatorios, subrayándose la igualdad entre los dos sexos. Lo mismo podemos decir de varios párrafos contenidos en el antiguo D. 105/92.

- **Siglo XXI**.

Ya en pleno siglo XXI las barreras casi han desaparecido, sobre todo en la escuela pública, aunque en algunos ámbitos han cambiado el **veto** por la "**disuasión**". No obstante, en la escuela privada algunos centros únicamente admiten al alumnado en función de su sexo.

Cuando hablamos de la necesidad de tener en cuenta que en la escuela hay niñas y niños, no nos estamos refiriendo a que ambos sean complementarios, o dos mitades de una misma cosa, sino que, simplemente, son dos sujetos diferentes. Esta diferencia es una realidad primera, inevitable, pues nacemos mujer u hombre, es una cualidad que incide en la relación de las personas con el mundo: "**distinguir sin separar**".

También podemos comprobar cómo numerosos aspectos sexistas típicos de épocas anteriores "casi" han desaparecido, por ejemplo las **imágenes de los libros de texto**, su **lenguaje**, contenidos, **tendencias**, etc. No obstante, hay que seguir tratándolo porque aún quedan numerosos rasgos por erradicar, sobre todo en determinados contextos. La **Igualdad** es garantía de respeto, solidaridad y reconocimiento (VV. AA. 2006).

No obstante, surgen "**nuevas formas**" basadas, sobre todo, en el mal uso de **Internet** y de las TIC/TAC, sobre todo de **redes sociales**: acoso, seguimiento, desconsideraciones y falta de respeto, etc. son cada vez más detectadas (Piedra, 2016). Es más, en muchas ocasiones las chicas **no son ni conscientes** del acoso al que se ven sometidas. Podemos ver un ejemplo muy clarificador en las **tendencias clasistas**, como es el **tipo de juguete y su color** que existen en portales de juguetes y buscadores: teclea "toy boy / toy girl", o en castellano: juguete chico / chica.

En Andalucía se aprueba el I Plan de Igualdad entre hombres y Mujeres en Educación. Éste viene desarrollado por la O. de 15 de mayo de 2006, por la que se regulan y desarrollan las medidas previstas en el citado Plan. Así, en cada centro escolar existe un docente encargado de favorecer la convivencia, respeto y aceptación por parte de ambos sexos. La intervención global en el marco educativo que pretende este I Plan viene marcada por **tres principios de actuación: Visibilidad** o hacer visibles las diferencias entre chicos y chicas, para facilitar el reconocimiento de las desigualdades y discriminaciones; **Transversalidad**, que supone la inclusión de la perspectiva de género en la elaboración, desarrollo y seguimiento de todas las actuaciones que afecten, directa o indirectamente, a la comunidad educativa; **Inclusión**, donde las medidas y actuaciones educativas se dirigen al conjunto de la comunidad, porque educar en igualdad entre hombres y mujeres requiere una intervención tanto sobre unos y como sobre otras para corregir así los desajustes producidos por cambios desiguales en los papeles tradicionales, conciliar intereses y crear relaciones de género más igualitarias. En efecto, los cambios políticos y sociales de las últimas décadas han repercutido de forma

La **Ley Orgánica 3/2007**, de 22 de marzo, para la igualdad efectiva de mujeres y hombres, recoge en el art. 23, que el sistema educativo incluirá entre sus fines la **educación en el respeto** de los derechos y libertades fundamentales y en la **igualdad de derechos y oportunidades** entre mujeres y hombres.

La **Ley 12/2007**, de 26 de noviembre, para la promoción de la igualdad de género en Andalucía, indica entre otras cuestiones, que las acciones que realicen los centros educativos de la Comunidad Autónoma contemplarán la perspectiva de género en la elaboración, desarrollo y seguimiento de sus actuaciones.

Tanto la Ley Orgánica 2/2006, de 3 de mayo, de Educación (L. O. E.) como la Ley 17/2007, de 10 de diciembre, de Educación de Andalucía (L. E. A.), reconocen como uno de sus principios el de "promoción de la igualdad efectiva entre hombres y mujeres en los ámbitos y prácticas del sistema educativo". La LOMCE/2013, lo corroboró.

El **Ministerio de Igualdad**, creado en 2008, le corresponde la propuesta y ejecución de las políticas del Gobierno en materia de igualdad, eliminación de toda clase de discriminación de las personas por razón de sexo, origen racial o étnico, religión o ideología, orientación sexual, edad o cualquier otra condición o circunstancia personal o social, y erradicación de la violencia de género, así como en materia de juventud. Le corresponde, pues, la elaboración y desarrollo de las normas, actuaciones y medidas dirigidas a asegurar la igualdad de trato y de oportunidades, especialmente entre mujeres y hombres, y el fomento de la participación social y política de las mujeres. Este ministerio se integra en octubre de 2010 en la estructura del de **Sanidad**.

El D. 328/2010, de 13 de julio, por el que se aprueba el Reglamento Orgánico de los colegios de educación infantil y primaria, y de los centros públicos específicos de educación especial, BOJA nº 139, de 16/07/2010, indica en su artículo 2 "respetar la igualdad entre hombres y mujeres", como uno de los deberes del alumnado.

El **Acuerdo** de 16 de febrero de 2016, del consejo de Gobierno, por el que se aprueba el **II Plan Estratégico** de Igualdad de Género en Educación 2016-2021.

Se basa en cuatro **principios** fundamentales: **Transversalidad; Visibilidad; Inclusión; Paridad**.

Tal es la importancia que ha cobrado la igualdad de oportunidades en nuestra área que la O. N. U. (2007) afirma que para alcanzar una igualdad efectiva en el deporte y la Educación Física son necesarios el establecimiento de políticas y programas de fomento del deporte, aumento del profesorado femenino de la especialidad y una formación de género del profesorado (Piedra, 2010).

1.2. TIPOS DE ESCUELA.

No podemos **confundir** la "escuela **coeducativa**" con la "escuela **mixta**". Si coeducación es un mismo tipo de enseñanza para todo el grupo sin tener en cuenta el sexo del alumnado, la escuela mixta imparte una educación distinta para cada género aunque convivan en la misma aula (Subirats, 2009).

En este sentido, la coeducación no resulta sólo del hecho material de la educación conjunta de chicos y chicas, "escuelas mixtas", sino de promover **igualdad de trato** en ambos sexos. Por todo ello, señalamos a tres modelos de escuela (Trigo y Piñera, 2000 y Lasaga y Rodríguez, 2006):

- **Escuela tradicional o "segregacionista":**
    - Los roles están separados. Cada colegio es exclusivo para niñas o niños. Currículum distinto.
    - Tuvo su auge durante gran parte del régimen militar (1940 -1976 aproximadamente).
    - Hoy día en España, siglo XXI, es minoritaria y de índole totalmente privada.

- **Escuela mixta:**
    - **Coexistencia** de niños y niñas en el centro y/o en las aulas.
    - Un **mismo currículum** que, a pesar de todo, sigue **potenciando** modelos masculinos y femeninos de educación tradicionales, por lo que **no** hay un verdadero trato igualitario.
    - Para algunos autores esta situación se hereda del pasado. No olvidemos que todavía en los años 70 y 80 del pasado siglo las niñas se **separaban** en educación física para que una profesora les diera la clase y los chicos iban por otro lado para que les diera la clase un profesor. Es decir, se dividía a niñas y niños como si de dos categorías sociales se tratase.
    - En la escuela mixta no hay un modelo nuevo, sino que habitualmente se opta por el **masculino** como **universal**.

- **Escuela coeducativa:**
    - La escuela coeducativa pretende superar esta discriminación histórica y potencia los aspectos positivos de la educación sin estereotipos, fomentando su reflexión.
    - Propone un currículum que elimine las actitudes sexistas presentes en sociedad y familia.
    - Incrementa las cualidades individuales por encima de la distinción niñas/niños.
    - Proporciona una igualdad real de oportunidades.

- Supone **no aceptar** el modelo masculino ni femenino como universal, **corregir** los estereotipos sexistas, formular un **currículo equilibrado** que elimine los sesgos sexistas presentes en la sociedad y desarrollar todas las capacidades individuales con independencia del género.

- Coeducar en Educación Física es **revalorizar** las prácticas físicas pertenecientes al modelo cultural femenino, dedicarles el tiempo suficiente en el proceso de enseñanza aprendizaje y valorarlas en todos sus aspectos motores y vivenciales. También **modificar**, siempre que sea necesario, las reglas de los juegos y los deportes para permitir una participación más equitativa entre chicos y chicas. Es buscar, confeccionar, diseñar **materiales alternativos** y poco conocidos donde las habilidades de unas y otros parta de un nivel de experiencia motriz más parejo.

- Distingue puntualmente y cuando sea necesario los grupos, y **refuerza** a chicos y chicas en aquellas actividades en las que muestren más dificultades.

- Supone desarrollar todas las capacidades y favorecer las actividades aceptadas como **positivas**, con independencia del sexo al que tradicionalmente hayan sido asignadas.

Por todo ello, la coeducación en Educación Física debe contemplar un modelo educativo donde las intenciones y la **finalidad sea el conocimiento corporal y la mejora psico-física** y, en consecuencia, la mejor **calidad de vida**, pero **socializando** al alumnado en comportamientos de **respeto, solidaridad, equilibrio** y **justicia**. Todos los contenidos de la Educación Física son instrumentos valiosos (la danza, el deporte, los juegos, las actividades en la naturaleza, la expresión corporal), siempre que se pongan al servicio de estos objetivos. Todas las actividades pueden contener en sí mismas elementos positivos pero son ellas las que deben ajustarse a las necesidades de chicos y chicas y no al contrario (Alonso, 2010).

2. ESTEREOTIPOS Y ACTITUDES SEXISTAS EN LA EDUCACIÓN FÍSICA.

Estereotipo es una imagen aceptada genéricamente por la sociedad o parte de ella. Tiene un carácter **inmutable** en la mayoría de las ocasiones. **Sexismo** es el término que se usa en ciencias sociales para designar las actitudes que introducen la desigualdad y la jerarquización entre los sexos.

Los estereotipos de género son construcciones sociales que forman parte del mundo de lo simbólico, ideas simples pero muy ancladas en la conciencia que escapa al control de la razón (Piedra, 2010).

Antes de centrarnos en los estereotipos específicos de Educación Física es preciso que mencionemos aquellos que, por regla general, aún están vigentes en nuestro **contexto** social y que influyen significativamente en las escuelas y en las clases de Educación Física.

a) Aspectos biologistas.

En esta interpretación del cuerpo, la mujer aparece con unas características definidas ligadas a su sexo genético y propiciado por la naturaleza para que realice su función biológica esencial: la **transmisión** de la **vida**.

Las mujeres obtienen unos resultados aproximadamente del 14 por ciento más bajos que los hombres en las pruebas atléticas. La razón está en las diferencias morfológicas y funcionales entre los sexos. De forma resumida podemos observar, según López Chicharro (2002):

Mayor cantidad de tejido óseo y muscular en el hombre y más adiposo en la mujer. Por regla general, morfológicamente la mujer es de menor talla y su estructura a nivel de pelvis y pecho, la hace menos hábil desde un punto de vista físico. A ello se le une una menor capacidad cardiorrespiratoria. En cambio, suele tener más coordinación y mucha más flexibilidad que el hombre (Lasaga y Rodríguez, 2006).

González Badillo y Gorostiaga (2002), achacan la menor fuerza en la mujer con respecto al hombre en que ellas tienen un 10% menos de talla, de porcentaje de masa muscular, de tamaño de las fibras, así como una concentración sanguínea basal de testosterona más baja.

Estos datos hacen que gran parte de la sociedad tenga un **estereotipo biologista** de la mujer.

Deseamos matizar que en las edades propias de la Etapa Primaria, las características morfofuncionales están muy **equilibradas** entre ambos sexos. Podemos afirmar, incluso, que en el **tercer ciclo** las **chicas** poseen más fuerza y estatura que los chicos debido a que su **pubertad** tiene un **adelanto** de dos años con respecto a ellos. Lasaga y Rodríguez (2006), basándose en estudios de Nelly, Keough y Suden y Cratty, estiman la igualdad en ambos sexos a partir del estudio del desarrollo motor durante el periodo escolar: control corporal, motricidad global, analítica, lúdica y cognitiva, así como las capacidades físicas no muestran diferencias entre niñas y niños.

b) **Estereotipos sociales**.

Algunos de los indicadores que nuestra sociedad reproduce formando los estereotipos sexuales y que niñas y niños extrapolan desde el contexto socio-familiar al escolar, la mayoría de las veces **inconscientemente**, y que los docentes debemos **corregir** en pos de la **no discriminación**, son (Trigo y Piñera, 2000): el color rosa se relaciona con la niña y el azul con el niño; juguetes de coches, balones, etc. son propios de niños y muñecas, cocinas, etc. de niñas. También ocurre lo mismo con los juegos, mientras el niño escoge los de tipo deportivo, las niñas optan por los de tipo "casitas". Decir niña es sinónimo de coordinación y fragilidad, mientras que niño lo es de agresividad y fuerza. En la actualidad, parece ser que estas actitudes van perdiendo peso en pos de una mayor igualdad de género y una atención cada vez más coeducativa, así como la eliminación de roles sexistas a favor de una corresponsabilidad de funciones.

Siguiendo a García Ferrando (1997), edad y sexo son los factores que más influyen entre los practicantes de deportes en España. El número de chicos duplica al de las chicas. Influyen elementos socio-culturales, familiares, gustos, expectativas, tradiciones, etc.

Los chicos no quieren acceder al mundo de las chicas porque no sólo les da ningún prestigio, sino que además fácilmente les **quita valor** ante ellos mismos y la sociedad. Suele decirse que los estereotipos sexistas son "corsés culturales" para mujeres y hombres.

Así pues, en los centros podemos encontrarnos con una serie de modelos que van a **dificultar** nuestra tarea, pero no debemos dejarnos vencer por ellos. Nuestro trabajo debemos enfocarlo a la consecución de la **integración** del alumnado por igual, máxime en los tiempos actuales donde aparece en muchos sitios de Andalucía un tipo de discriminación añadida a la sexista, la **racista**.

c) **Estereotipos sexistas**.

Fernández García -coord.- (2002), indica que en otras áreas puede plantearse la coeducación con un buen grado de aceptación del alumnado y profesorado. En cambio, en educación física suele haber varias resistencias. Establece dos grupos de factores:

- **F. Curriculares**.
    - **Reduccionismo**. Limitan el acceso de las alumnas al desarrollo de la condición física y los deportes de cooperación-oposición.
    - **Androcentrismo**. La influencia androcéntrica en los currícula formativos del profesorado especialista influye negativamente en los contenidos impartidos a chicas.

- **F. Culturales**.
    - **Prejuicios**. Expresiones populares relacionadas con la actividad física, que discriminan a la niña, están aún hoy día en uso.
    - **Tradiciones**. En muchas zonas siguen practicándose juegos de "niñas y niños".
    - **Valoraciones sociales**. Actividades relacionadas culturalmente con lo masculino están más valoradas que las femeninas por motivos económicos, periodísticos, etc.

2.1. CURRÍCULUM OCULTO.

Si entendemos por currículo el conjunto de experiencias y oportunidades de aprendizaje que ofrece u omite (currículum ausente) la escuela al alumnado y los contenidos que la enseñanza transmite (competencias clave, objetivos, contenidos, metodología y evaluación), hay un currículo manifiesto, formal u oficial establecido por la legislación vigente y otro **no declarado** que se transmite sin pretenderlo: «currículo oculto o latente» y que **reproduce** estereotipos y actitudes sexistas en Educación Física, siendo de gran importancia detectarlo y hacerlo explícito para corregir los posibles sesgos (Piedra, 2016).

El porcentaje de su influencia vendrá dado por las circunstancias que rodean al proceso de aprendizaje del alumnado, a la actitud de maestras y maestros, al modelo de persona que éstos sean, los valores que fomente, etc. (Viciana, 2002).

Los **prejuicios** más comunes y las situaciones habituales en el ámbito de la actividad física escolar referentes al sexo son (Trigo y Piñera, 2000):

- Los chicos son mejores en actividades físicas, porque son superiores físicamente.
- Las niñas son más torpes por naturaleza y son excluidas por los chicos en los juegos.
- Los chicos saben trabajar en equipo, las chicas no, excepto en temas de expresión corporal.

- Muchas de las actividades que les gustan a las niñas, no les gustarán nunca a los niños.
- Muchos deportes que les gustan a los chicos no son buenos para las chicas, porque son más frágiles.
- Las niñas son las que se automarginan, son ellas las que no quieren participar, es inútil trabajar con ellas. Ellas rechazan el esfuerzo físico de intensidad media y alta.

La escuela constituye uno de los espacios de socialización más significativos desde la que podemos liderar profundos cambios en la construcción de actitudes y valores basados en el respeto y la igualdad entre mujeres y hombres, pero para lograrlo es necesario ser conscientes de todas las variables de discriminación que se producen en el denominado currículo oculto, a la vez que incorporamos propuestas tanto didácticas como de gestión, relación u organización que incidan en procesos coeducativos que solo pueden tener lugar desde la escuela mixta (Vieites y Martínez, 2009).

El Área de Educación Física es posiblemente la que más currículum oculto pueda transmitir, casi siempre de forma no consciente, porque está respaldado por conceptos **antropomórficos** profundos como la conciencia y valoración del cuerpo, el lugar de éste en la cultura, usos y técnicas corporales, sexo y edad, etc. transmitidos a través del refuerzo del estereotipo corporal masculino y femenino (Gutiérrez, 1995).

Los elementos **transmisores** del currículum oculto están en el propio **profesorado**: lenguaje y actitudes, porque a través de él se articulan los contenidos de enseñanza y se mantiene la interacción entre alumnado y profesorado; en las consideraciones al mismo; en los contenidos a aprender; en la metodología; en la organización; en la evaluación; en los refuerzos dirigidos a unos y otras; en los modelos o alumno-auxiliar-demostrador; en los recursos materiales y en la participación en actividades extracurriculares, entre otros. Piedra (2010), basándose en estudios de Scharagrodshy (2004), señala que no solo el **lenguaje** invisibiliza los femenino haciendo uso indiscriminado del masculino genérico, sino que además el femenino es usado para reforzar lo negativo.

En los últimos años, la influencia que está teniendo Internet es muy grande y, en muchas ocasiones, determinados portales y redes sociales tienen claros mensajes sexistas que son captados por nuestro alumnado (Castaño, 2009).

Aspecto a destacar es la **evaluación**, que esconde y transmite un repertorio de contenidos culturales por el camino del currículum oculto. Tradicionalmente la evaluación ha planteado un carácter discriminatorio entre chicas y chicos, a pesar de haber adelantado mucho en estrategias de igualdad. Unas veces su origen está en la propia concepción que el maestro se ha formado de la evaluación y en la finalidad y utilidad asignadas a la misma. Otros motivos radican en el alumnado, que ve a la evaluación como una selección de talentos deportivos, una clasificación entre los mejores y peores alumnos. Es decir, se forman una imagen que es ficticia, porque la real es la que entiende a la evaluación como educativa, integradora, de aceptación del propio cuerpo, etc. (Díaz, 2005).

Todos estos elementos se traducen en la **necesidad** de que la educación física en el sistema educativo actual **supere** muchas de las manifestaciones implícitas de carácter discriminatorio por razón del sexo (Vilanova y Soler, 2012).

3. INTERVENCIÓN EDUCATIVA.

Para el desarrollo de este punto nos basamos en M. de Cultura (1988), Vázquez y Álvarez -coord.- (1990), M.E.C. (1992), J. de Andalucía (I.A. F.P.P. de la C.E.C.) (1992c), Subirats (1995), Vázquez (1996), VV. AA. (1996), Trigo y Piñera (2000), Vázquez (2000), Jiménez (2002), Solsona y otras (2005), Lasaga y Rodríguez (2006), VV. AA. (2006), Ruiz (2007), Blanco (2007), VV. AA. (2007), Alonso (2008), Piedra (2010) y Alonso (2010).

Tomamos como referencia los **objetivos** del I Plan de Igualdad entre Hombre y Mujeres en Educación (2005), que nos plantea cuatro grandes finalidades:

- Promover prácticas educativas igualitarias.
- Promover cambios en las relaciones de géneros.
- Corregir el desequilibrio de responsabilidades entre el profesorado.
- Facilitar el conocimiento de diferencias entre los sexos.

Maestras y maestros debemos examinar constantemente el modo en el que la elección de los contenidos y actividades privilegia a unos/as alumnos/as sobre los otros/as. Debemos buscar una sensibilización que evite una contribución a los estereotipos vigentes mediante un análisis de las conductas, actitudes y del propio trabajo de los docentes.

También debemos seguir lo expresado por el D. 97/2015, art. 5, d: *"La igualdad efectiva entre mujeres hombres, la prevención de la violencia de género y la no discriminación por cualquier condición personal o social"*, es una de las capacidades prioritarias a adquirir durante la etapa.

Nuestro referente legislativo es la L. O. E. (2006). Uno de sus principios es el de la **equidad**, que garantiza la igualdad de oportunidades, la inclusión educativa y la no discriminación.

Una de las **finalidades** de la L. O. E. es la *"educación en el respeto de los derechos y libertades fundamentales, en la igualdad de derechos y oportunidades entre hombres y mujeres..."*

El D. 328/2010, de 13 de julio, por el que se aprueba el Reglamento Orgánico de los colegios de educación primaria, BOJA nº 139, de 16/07/2010, expresa en su artículo 31 que *"se consideran circunstancias que agravan la responsabilidad, las acciones que impliquen **discriminación** por razón de nacimiento, raza, **sexo**, orientación sexual, convicciones ideológicas o religiosas, discapacidades físicas, psíquicas o sensoriales, así como por cualquier otra condición personal o social"*.

Partimos del R. D. 126/2014, del D. 97/2015 y de la O. de 17/03/2015 para analizar **cómo intervenimos** a través de los elementos curriculares, pero no sólo con la idea de ser algo exclusivo del área de Educación Física, sino como actuación general de toda la **comunidad educativa**.

De modo general, nuestra propuesta general impedirá separaciones en función del sexo, paliando las influencias de los actuales estereotipos que asocian al movimiento expresivo rítmico como del sexo femenino, y la fuerza, agresividad, deporte y competición como masculinos. Debemos tratar a niñas y niños de forma idéntica en los aspectos que se asemejen y diferente en los que se diferencien (Moreno y Martínez, 2011). El fomento de la igualdad de oportunidades en las prácticas físicas, en todo caso debemos plantearlo con **naturalidad** (Zagalaz, Cachón y Lara, 2014).

La "**Guía PAFIC**" (Fernández García, 2010), propone usemos actividades de carácter innovador, musical y recreativo, dando participación a las chicas que no sean tradicionales (arbitrar, organizar, capitanear, etc.), trabajar en equipo...

- **Competencias Clave.** La Coeducación está recogida en la nº 5, "Competencias sociales y cívicas". Hace mención a la valoración de las diferencias a la vez que el reconocimiento de la igualdad de derechos entre los diferentes colectivos, en particular, entre hombres y mujeres.

- **Objetivos de Etapa.**

    b) "*Desarrollar hábitos de trabajo individual y de equipo, de esfuerzo y de responsabilidad en el estudio así como actitudes de confianza en sí mismo, sentido crítico, iniciativa personal, curiosidad, interés y creatividad en el aprendizaje, y espíritu emprendedor*"

    Desde una perspectiva coeducativa, el conocimiento del propio cuerpo ha de realizarse sin establecer una serie de categorías de subordinación de un sexo frente a otro ("sexo débil" o "sexo fuerte"). Más bien se trata de incidir en **valores y posibilidades** del propio cuerpo y en la **cohesión** de los miembros de un equipo, la cooperación entre todos sin distinción.

    Desde la óptica de la coeducación, este objetivo también supone que se ha de desarrollar la **participación de niños y niñas en actividades grupales**, estimulándoles a una **distribución equitativa** de sus funciones dentro del grupo, sin discriminaciones, a priori en función del sexo, y evitando las conductas estereotipadas en las tareas escolares (distribuir objetos, contribuir a la limpieza de la clase. etc.)

    d) "*Conocer, comprender y respetar las diferentes culturas y las diferencias entre las personas, la igualdad de derecho y oportunidades de hombres y mujeres y la no discriminación de personas con discapacidad*".

    Se pretende potenciar el **comportamiento solidario** de niños y niñas, **rechazando discriminaciones basadas en diferencias de sexo**, clase social, creencias, raza u otras características individuales y sociales.

    Igualmente es muy relevante para el enfoque coeducativo estimular que niños y niñas, por igual, participen en la **elaboración y asunción de las normas** de convivencia cotidiana en el centro, valorando en ambos sexos aspectos tales como el respeto a los demás, cuidado del material escolar, conductas de ayuda, etc.

- **Objetivos de Andalucía.**

    La coeducación y los temas la acompañan y complementan viene recogidos en los llamados "Objetivos de Andalucía" siguientes LEA/2006, art. 17:

    a) *La prevención y resolución pacífica de conflictos, así como los valores que preparan al alumnado para asumir una vida responsable en una sociedad libre y democrática.*

d) La igualdad efectiva entre mujeres hombres, la prevención de la violencia de género y la no discriminación por cualquier condición personal o social.

- **Área curricular de Educación Física.**

La coeducación la **relacionamos** con los siguientes objetivos:

4. *"Adquirir, elegir y aplicar principios y reglas para resolver problemas motores y actuar de forma eficaz y autónoma en la práctica de actividades físicas, deportivas y artístico expresivas".*

Se pretende desarrollar en niños y niñas **actitudes positivas** y capacidades para discernir diferentes comportamientos, favoreciéndose los de **cooperación, participación, ayuda y solidaridad**. Implica suscitar en el alumnado **análisis reflexivos** en torno a las posibles situaciones que pueden producirse en la práctica de la educación física y la adopción de actitudes derivadas de las mismas, evitando aquellas consideradas agresivas y sexistas en actividades competitivas, y profundizando en la vivencia interiorización de los objetivos propuestos: mal **reparto de roles**; uso del **lenguaje** de forma no respetuosa; uso del **currículo oculto**; **materiales curriculares** con tendencias sexistas.

O.EF.5 Desarrollar actitudes y hábitos de tipo cooperativo y social basados en el juego limpio, la solidaridad, la tolerancia, el respeto y la aceptación de las normas de convivencia ofreciendo el diálogo en la resolución de problemas y evitando discriminaciones de género, culturales y sociales.

Se deberá **evitar la selección** o distribución de juegos y actividades físicas en función de **criterios sexistas**.

O.EF.3. Utilizar la imaginación, creatividad y la expresividad corporal a través del movimiento para comunicar emociones, sensaciones, ideas y estados de ánimo, así como comprender mensajes expresados de este modo.

Con este objetivo se contribuye a un desarrollo de la responsabilidad y del **respeto hacia el cuerpo de los demás**, fomentando actitudes y hábitos que inciden positivamente en la **salud individual y colectiva**: sensibilidad, valoración de la belleza, delicadeza, habilidad corporal, agilidad... **sin tener en cuenta si se es chica o chico.**

- **Contenidos del área de Educación Física.**

Debemos tener en cuenta los siguientes aspectos, sobre todo relacionados con las **actitudes**, aún como sabemos tienen una aplicación **global**:

- Desarrollo mediante la práctica habitual del juego actitudes y hábitos cooperativos y sociales, basados en la solidaridad, la tolerancia, el respeto y la aceptación de las normas de convivencia.
- Actitud de convivencia, integración, comunicación social y creatividad a través de la práctica deportiva educativa.
- Trabajos sobre la actitud de unión en el equipo mixto como grupo de cohesión.
- Integración de actividades y situaciones que interesen y motiven por igual a niños y niñas.

- Trabajos hacia la tolerancia en errores de los demás, evitando descalificaciones.
- Fomento en el trabajo con objetivos deportivos, no con objetivos de dominio ni competencia, sino de capacidad del grupo de iguales.
- Cuidado para que la selección y uso de los materiales deportivos sea equitativo, evitando el acopio o empleo exclusivo por parte de niños o niñas.
- Introducción de actividades físicas que permitan similares niveles de ejecución, sin grandes diferencias entre los subgrupos de la clase.
- Valoración más prioritaria del esfuerzo, equilibrio personal y bienestar físico que la fuerza o la velocidad.

Independientemente de ello, uno de los contenidos las **Enseñanzas Transversales** trata sobre "**igualdad real y efectiva entre hombres y mujeres**".

- **Metodología.**

Coeducar no es compatible con cualquier tipo de metodología. Existen estilos de enseñanza poco acordes con un enfoque coeducativo; son aquellos que están basados en la imposición de los puntos de vista de los educadores/as como los únicos acertados. Existen líneas metodológicas coeducativas, como vemos ahora con más detalle:

- **Partir del análisis crítico de la realidad y de las ideas previas del alumnado**.

    Por ejemplo, realizar sondeos, encuestas, cuestionarios o, simplemente, **fomentar la libre expresión** de las ideas infantiles sobre estos temas en las conversaciones de aula son algunas de ellas.

- **Partir de situaciones compartidas**.

    Se trata de partir de situaciones vividas conjuntamente, de problemas reales, de situaciones cotidianas que permiten realizar un análisis con referentes comunes. Por ejemplo, problemas en la **distribución de funciones** (recoger la clase, trasladar objetos pesados, etc.). La realización de una excursión, la celebración de una fiesta o la preparación de una obra de teatro son, sin duda, momentos privilegiados para abordar la distribución de papeles generalmente asignados con un carácter sexual y, sobre todo, para promover marcos de relación alternativa. En este mismo sentido, debemos estimular situaciones de **liderazgo de ellas en grupos mixtos** y **vigilar** la posible **agresividad en ciertos juegos deportivos**.

- **Participación en la elaboración y discusión de normas y valores**.

    En la construcción de un clima de aula auténticamente coeducativo, la participación activa de niños y niñas juega un papel decisivo. Las posibilidades de intervención del alumnado son muy amplias, ya desde los primeros niveles de la Educación Primaria, y abarcan desde la fijación de algunas normas muy elementales que regulan la convivencia en clase, a la discusión de principios y valores más generales. Habilidades tales como el **diálogo, la discusión en grupo, la búsqueda del consenso**, etc. se desarrollan en aquellas ocasiones en las que se requiere participación a niños y niñas.

- **La actividad lúdica y la formación de grupos.**

En el juego se proyectan los estereotipos y modelos imperantes en una comunidad determinada. El **grado de agresividad**, el tipo de relaciones entre las personas de distinto sexo, el carácter autoritario de determinadas instituciones, etc. son algunos de los aspectos que se encuentran reflejados en las situaciones lúdicas.

Los juegos tradicionales reflejan las estructuras sociales y los roles de género. En este sentido, es importante la recuperación del juego tradicional, con sus valores positivos, pero teniendo en cuenta un análisis crítico desde la perspectiva de género e introduciendo cambios que conduzcan a aprender a jugar en igualdad (Ruiz, 2007).

Procuraremos que niños y niñas **compartan juegos**, evitando la formación de **grupos cerrados** y que **vetemos** la participación de una persona **por razón de su sexo**. Los agrupamientos espontáneos donde se den **casos de segregación** podemos tomarlos como referentes para hacer un **análisis** más detallado de los mismos, insistiendo en la necesidad de facilitar la integración de niños y niñas en los mismos. Es ideal **promover grupos de trabajo cooperativos**.

La confluencia en un grupo-clase de niños y niñas no implica a priori la formación de sub grupos de ambos sexos. En muchas ocasiones, si no estamos atentos, se refuerzan las imágenes de la feminidad y la masculinidad con independencia de las formas de agrupación (Piedra, 2010).

- **Importancia del ambiente y los espacios.**

El entorno escolar jamás es neutro. En el caso concreto de la coeducación es muy relevante conocer cómo se caracterizan los distintos entornos escolares, qué conductas promueven y si en ellos se potencian situaciones discriminatorias.

La **distribución de los espacios** (¿qué espacios se conceden a las **actividades típicamente masculinas**, por ejemplo jugar al fútbol y cuáles a las femeninas?), su distribución, su calidad (espacios seguros versus espacios inseguros), los tipos de agrupamientos, etc. son algunos aspectos sobre los que se requieren estudios detallados y propuestas alternativas.

Por otro lado, **los chicos**, dado su mayor dinamismo y agresividad habitual, suelen "copar" más y **mejores espacios**, relegando a las chicas a otros espacios más marginales.

- **Los recursos materiales.**

Si en nuestro centro disponemos de materiales curriculares tales como **libro o cuaderno**, debemos tener en cuenta que muchos de estos suelen **transmitir los modelos sociales dominantes** contribuyendo a reproducir sesgos, estereotipos y prejuicios sexistas, clasistas y racistas. Por ejemplo, imágenes, lenguaje, temáticas, enfoques, etc. (Alonso, 2008). Por todo ello debemos tener mucho cuidado a la hora de elegirlos y corregirlos en caso de ya tenerlos al uso. Tal es su importancia que la C.E.J.A. tiene establecido los premios "Rosa Regás" dirigidos al profesorado y empresas editoras, con el objetivo de promover la elaboración y difusión de materiales curriculares coeducativos. Por otro lado, debemos combatir que los chicos siempre escojan los mejores materiales y que las chicas cojan las sobras.

- **Propuesta coeducativa en Educación Física a través de las actividades.**

La acción de la sociedad incita a la práctica de determinadas actividades físicas tanto en la mujer como en el hombre (Gutiérrez, 1995). Por ejemplo, el fútbol tiene tradicionalmente una participación casi exclusiva de niños que, incluso, no permiten que las niñas intervengan. Al contrario podemos decir de actividades relacionadas con el aeróbic, ritmo y expresión. Nuestra posición debe ser **introducir** estas actividades para ambos sexos desde los **primeros cursos**, es decir, juegos donde participan ellas y ellos como una situación **normal** y **habitual**, neutralizando así toda carga ideológica. Esto lo debemos hacer extensible a los talleres deportivos durante el horario extraescolar. En resumen, nunca separar las actividades por razón de sexo.

Por otro lado están las actividades **neutras**. Son aquellas en las que no existe ningún tipo de presión para que niña o niño las realice. Se consideran neutras por diversas causas, como que sean de reciente creación y aún no están "contaminadas" por un sesgo sexista (nuevos móviles) o porque su práctica se dé en un grupo social sensibilizado con temas de coeducación. Otras actividades se iniciaron con un determinado matiz discriminatorio y la evolución de todo el contexto social terminó por darles un carácter igualitario, como la mayoría de los juegos populares, deportes individuales y colectivos, actividades en el medio natural, juegos alternativos, etc.

Debemos postular estrategias de acción para **evitar roles pasivos o de acompañamiento** que suelen tener las niñas en determinadas especialidades deportivas. Es conveniente el uso indistinto de modelos femeninos y masculinos en la enseñanza del deporte, no tratando de identificar las consideradas masculinas con los niños y viceversa.

- **Evaluación.**

La **evaluación** nos debe permitir una individualización de los logros, el progreso personal del alumnado y llevar un registro de la evolución de las actitudes y comportamientos relativos a la Igualdad de Oportunidades. Por ejemplo, los criterios:

C. 9. *"Opinar coherentemente con actitud crítica tanto desde la perspectiva de participante como de espectador, ante las posibles situaciones conflictivas surgidas, participando en debates, y aceptando las opiniones de los demás".*

Se observará la participación activa en el juego y se tendrán en cuenta aquellos aspectos que permiten la construcción de **buenas relaciones** con compañeros y compañeras como pueden ser el **respeto por las normas** y la aceptación de distintos roles así como la **ausencia de discriminaciones** de cualquier tipo entre las personas participantes.

C. 13. *"Demostrar un comportamiento personal y social responsable, respetándose a sí mismo y a los otros en las actividades físicas y en los juegos, aceptando las normas y reglas establecidas y actuando con interés e iniciativa individual y trabajo en equipo".*

La plena participación en el juego vendrá condicionada por un conjunto de habilidades motrices y sociales. Por un lado, se observará el **grado de eficacia motriz y la capacidad de esforzarse** y aprovechar la condición física para implicarse plenamente en el juego. Por otro, se atenderá a las **habilidades sociales** (respetar las normas y reglas previamente consensuadas, tener en cuenta a las demás personas, evitar discriminaciones y actitudes de rivalidad fundamentadas en estereotipos y prejuicios, etc.) que favorecen las buenas relaciones entre los participantes. La importancia del **trabajo en equipo**, la satisfacción por el propio esfuerzo, el juego limpio y las relaciones personales que se establecen mediante la práctica de juegos y actividades deportivas, por encima de los resultados de la propia actividad (ganar o perder) y **si juega tanto con niños como con niñas de forma integradora**.

Debemos emplear técnicas de observación y de **recogida de datos** para analizar las actitudes entre el alumnado. La auto observación de nuestra propia actuación didáctica y de las interacciones que tenemos con nuestro alumnado también nos dará datos interesantes. El análisis de la dinámica del grupo nos permite detectar actitudes contrarias a la participación igualitaria.

- **El papel del profesorado en la corrección de estereotipos.**

La escuela y el profesorado deben intervenir para intentar **modificar las tendencias** y ofrecer modelos diferentes al niño y a la niña, en función de las intencionalidades educativas. Aunque en los últimos años hemos avanzado en este sentido, debemos insistir en las ventajas que también tiene para el organismo femenino el esfuerzo físico (VV. AA., 2010).

En la **comunicación verbal** debemos utilizar equilibradamente **expresiones** masculinas y femeninas y sustituir el masculino generalizado por el **género neutro** (alumnado por alumno), y eliminar expresiones que refuercen el estereotipo (pareces una bailarina).

El profesorado debe tomar conciencia de su responsabilidad como agente de cambio, empezando él mismo por variar su mentalidad explicitando en el Proyecto Educativo objetivos y acciones educativas concretas encaminadas a la igualdad y a eliminar las desigualdades por razón de sexo.

En este sentido, en Educación Física, se encuentra bastante extendida la mentalidad **biologicista** para explicar las diferencias en función de sexo, sin tener en cuenta que éstas no tienen tanto una base biológica como cultural y antropológica. Esta influencia lleva al profesorado a tener un sentimiento casi determinista respecto a las posibilidades de éxito de las mujeres.

Respecto a la planificación de actividades de enseñanza y aprendizaje es frecuente que se haga pensando en «un alumno medio» como punto de referencia, en lugar de tomar a la entidad individual y evaluando desde el punto de partida, consigo mismo, para después evaluar a cada alumno/a por el grado de similitud o discrepancia con ese modelo. En el área de Educación Física esta situación se agrava porque el **modelo** suele ser del género **masculino**, produciendo una mayor motivación en el colectivo de chicos que en el de chicas. Además, al observar que a iguales propuestas se produce una desigual respuesta, parte del profesorado consolida sus prejuicios previos justificándose en la diferencia de motivación, con lo que se refuerzan las desigualdades.

Así pues, coeducación hoy día significa buscar nuevas vías de intervención educativa para desarrollar relaciones de género más igualitarias, corregir los nuevos desajustes que se están produciendo y que son producto de la convivencia de modelos de género anacrónicos con nuevos modelos más igualitarios (Lomas, 2004).

Numerosos **proyectos de coeducación** se están llevando a cabo en Andalucía en centros de infantil, primaria y secundaria. Suelen tener una incidencia evidente, aunque los cambios suelen ser muy lentos, como es habitual en los procesos de innovación y mejora. Las actividades se desarrollan en el ámbito de la organización escolar (aula, tutoría, actividades extraescolares). Algunos ejemplos de contenidos están relacionados con la implicación de la familia y el entorno social en el proyecto, uso del lenguaje no sexista en el aula y en la comunicación con la familia, diagnóstico de género en el centro, la diversidad de las familias: los roles establecidos, producción de materiales e intercambio de experiencias, recursos y proyectos con otros centros: red de coeducación (VV. AA., 2006 b).

Precisamente, el Decreto 19/2007, por el que se adoptan medidas para la promoción de la Cultura de Paz y la Mejora de la Convivencia en los Centros Públicos de Andalucía, establecen una serie de medidas correctoras disciplinarias en caso de darse episodios de falta de respeto, consideración, etc., aunque priorizando la **prevención**.

También debemos hacer referencia a la Resolución de 26/09/2007, sobre los protocolos de actuación que deben seguir los centros educativos ante supuestos de acoso escolar, agresión hacia el Profesorado o el Personal de Administración y Servicios, o maltrato infantil.

En la Orden de 10 de agosto de 2007, por la que se desarrolla el currículo correspondiente a la Educación Secundaria Obligatoria en Andalucía. B. O. J. A. nº 171, de 30/08/2007, una de las materias optativas de Secundaria es "**Cambios sociales y género**", que trata profusamente esta temática.

CONCLUSIONES

Históricamente la mujer ha sido discriminada en la educación en general y en la educación física y el deporte en particular. Esto debería estar superado hoy, pero el currículum oculto sigue estando presente en muchos centros.

Debemos que ser conscientes de la responsabilidad que tenemos con el alumnado para fomentar la igualdad de oportunidades entre ambos sexos y, para ello, fomentaremos la reflexión conjunta entre docentes y establecer las medidas oportunas en el 2º y 3º nivel de concreción curricular para conseguir este objetivo.

La escuela debe tratar que cada niña y niño pueda dar un sentido pleno a su identidad sexual. Esto significa también aprender que, entre los dos sexos, es posible y necesaria una relación de autonomía y de intercambio, no de derivación o de subordinación. Para ello es preciso ofrecerles referencias masculinas y femeninas que les sirvan de apoyo y orientación para estar libremente en la escuela.

Debemos ser un profesional reflexivo y analizar diariamente el comportamiento en el aula, evitando los estereotipos y conductas sexistas que podemos transmitir, la mayoría de las veces de forma inconsciente, al alumnado durante las clases. Tendremos en cuenta que en el contexto familiar y social se están reproduciendo constantemente modelos sexistas, por tanto, no debemos limitarnos a no transmitir éstos, sino que debemos promover una actitud crítica en los discentes respecto a la abolición de dichos estereotipos.

BIBLIOGRAFÍA

- ALONSO HERNÁNDEZ, C. (2008). *Hagamos visibles a las mujeres: materiales didácticos para la igualdad*. Instituto Andaluz de la Mujer. Sevilla.
- ALONSO HERNÁNDEZ, C. (2008). Textos del número de marzo 2008. Revista Coeducación. Instituto Andaluz de la Mujer. Sevilla.
- ALONSO RUEDA, J. (2010). Coeducando en Educación Física. Wanceulen. Sevilla.
- BLANCO, N. (2007). *Coeducar es preparar para la libertad*. Revista Andalucía Educativa, nº 64, diciembre 2007, pp. 24-27. C. E. J. A. Sevilla.
- CAÑIZARES, J. Mª y CARBONERO, C. (2008). *Programación Didáctica en Educación Física. Guía para su realización*. Wanceulen. Sevilla.
- CAÑIZARES, J. Mª y CARBONERO, C. (2008). *Unidades Didácticas en Educación Física. Guía para su realización*. Wanceulen. Sevilla.
- CARRASCO, I. y RINCÓN, J. C. (2009). *60 Fichas de cooperación*. Wanceulen. Sevilla.
- CASTAÑO, C. (2009). *Los usos de Internet en las edades más jóvenes: algunos datos y reflexiones sobre hogar, escuela, estudios y juegos*. Participación Educativa, nº 11, págs. 73-93. Consejo Escolar del Estado. M. E. C. Madrid.
- DÍAZ, J. (2005). *La evaluación formativa como instrumento de aprendizaje en Educación Física*. INDE. Barcelona.
- FERNÁNDEZ GARCÍA, E. -coord.- (2002). *Didáctica de la educación física en la educación primaria*. Síntesis. Madrid.
- FERNÁNDEZ GARCÍA, E. -coord.- (2010). *Guía PAFIC*. Ministerio de Igualdad. U. Complutense. Madrid.
- GARCÍA FERRANDO, M. (1997). *Los españoles y el deporte (1980-1995): un análisis sociológico sobre comportamientos, actitudes y valores.* CSD y Tirant lo Blanch. Madrid y Valencia.
- GONZÁLEZ BADILLO, J. J. y GOROSTIAGA, E. (2002). *Fundamentos del entrenamiento de la fuerza*. INDE. Barcelona.
- GUTIÉRREZ, M. (1995). *Valores sociales y deporte. La actividad física y el deporte como transmisores de valores sociales y personales. Gymnos. Madrid*.
- JIMÉNEZ, R. (2002). *Análisis de la coeducación en las clases de educación física. Propuestas didácticas para una intervención no sexista en el contexto educativo*. Revista "Habilidad Motriz", nº 18, págs. 39-47. C.O.P.L.E.F.A. Córdoba.
- JUNTA DE ANDALUCÍA (1990). *Plan de Igualdad de Oportunidades de Andalucía*. Acuerdo del Consejo de Gobierno de la Junta de Andalucía del 30/01/1990. Sevilla.
- JUNTA DE ANDALUCÍA, CONSEJERÍA DE EDUCACIÓN Y CIENCIA, INSTITUTO ANDALUZ DE FORMACIÓN Y PERFECCIONAMIENTO DEL PROFESORADO. (1992). *Temas Transversales del Currículum. Coeducación.* Autoras, Sánchez, J. y Rizos, R. Sevilla.
- JUNTA DE ANDALUCÍA. (1999). *Decreto 85/99, de 6 de abril, por el que se regulan los Derechos y Deberes de Alumnos y las normas de convivencia de los Centros Docentes públicos y privados concertados*. B.O.J.A. 24/04/1999.
- JUNTA DE ANDALUCÍA. (2005). *I Plan de Igualdad entre Hombres y Mujeres en Educación*. Acuerdo del Consejo de Gobierno, 2/11/2005.
- JUNTA DE ANDALUCÍA. (reed. 2007). *I Plan de Igualdad entre Hombre y Mujer en Educación*. Consejería de Educación. Sevilla.
- JUNTA DE ANDALUCÍA. (2007). *Ley 12/2007, de 26/11/2007, sobre medidas de prevención y protección integral contra la violencia de género*. Sevilla.
- JUNTA DE ANDALUCÍA (2006). *Orden de 15 de mayo de 2006, por la que se regulan y desarrollan las actuaciones y medidas establecidas en el I Plan de

Igualdad entre Hombres y Mujeres en Educación. B.O.J.A. nº 99, de 25/05/2006.
- JUNTA DE ANDALUCÍA. (2007). *Decreto 19/2007, por el que se adoptan medidas para la promoción de la Cultura de Paz y la Mejora de la Convivencia en los Centros Públicos de Andalucía.* B.O.J.A. nº 25, de 02/02/2007.
- JUNTA DE ANDALUCÍA (2007). *Resolución de 26 de septiembre de 2007, de la dirección General de Participación y solidaridad en la Educación, por la que se acuerda dar publicidad a los protocolos de actuación que deben seguir los centros educativos ante supuestos de acoso escolar, agresión hacia el Profesorado o el Personal de Administración y Servicios, o maltrato infantil.* B. O. J. A. nº 224, de 14/11/2007.
- JUNTA DE ANDALUCÍA (2007). *Ley 17/2007, de 10 de diciembre, de Educación de Andalucía (L. E. A.).* B. O. J. A. nº 252, de 26/12/07.
- JUNTA DE ANDALUCÍA (2015). *Orden de 17 de marzo de 2015, por la que se desarrolla el currículo correspondiente a la educación Primaria en Andalucía.* BOJA nº 60 de 27/03/2015.
- JUNTA DE ANDALUCÍA (2015). *Decreto 97/2015, de 3 de marzo, por el que se establece la ordenación y el currículo de la educación Primaria en la comunidad Autónoma de Andalucía.* BOJA nº 50 de 13/03/2015.
- JUNTA DE ANDALUCÍA (2010). *Decreto 328/2010, de 13 de julio, por el que se aprueba el Reglamento Orgánico de las escuelas infantiles de segundo grado, de los colegios de educación primaria, de los colegios de educación infantil y primaria, y de los centros públicos específicos de educación especial.* BOJA nº 139, de 16/07/2010.
- JUNTA DE ANDALUCÍA. (2016). *Acuerdo de 16 de febrero de 2016, del consejo de Gobierno, por el que se aprueba el II Plan Estratégico de Igualdad de Género en educación 2016-2021.* BOJA nº 41, de 02/03/2016.
- LASAGA, Mª J. y RODRÍGUEZ, C. (2006). *La Coeducación en la educación Física y el deporte Escolar: Liberar Modelos.* Wanceulen. Sevilla.
- LEY ORGÁNICA 1/2004, de 28 de diciembre, de Medidas de Protección Integral contra la Violencia de Género. B.O.E. de 28/12/2004.
- *Ley Orgánica 3/2007, de 22 de marzo, para la igualdad efectiva de mujeres y hombres.* B. O. E. nº 71, de 03/03/2007.
- LOMAS, C. (2004). *Los chicos también lloran: identidades masculinas, igualdad entre los sexos y coeducación.* Ediciones Paidós Ibérica. Barcelona.
- MARÍN, Mª J. (2007). *Género y Formación del Profesorado.* Revista Andalucía Educativa, nº 64, diciembre 2007, pp. 31-33. C. E. J. A. Sevilla.
- M. DE CULTURA. INSTITUTO DE LA MUJER (1988). *Manual de acción: cómo llevar a la práctica la igualdad entre los sexos.* Comisión de las Comunidades Europeas. Serie Documentos, núm. 1. Madrid.
- M.E.C. (2013). *Ley Orgánica 8/2013, de 9 de diciembre, para la mejora de la calidad educativa.* BOE Nº 295, de 10/12/2013.
- M.E.C. (2014). *R. D. 126/2014, de 28 de febrero, por el que se establece el currículo básico de la Educación Primaria.* B.O.E. nº 52, de 01/03/2014.
- M.E.C. (1987). *El sexismo en la enseñanza.* Serie Coeducación, Colección Documentos y Propuestas de Trabajo. Madrid.
- M. E. C. (2006). Ley Orgánica 2/2006, de 3 de mayo, de Educación (L. O. E.). B.O.E. nº 106, (04/05/2006), modificada en varios artículos por LOMCE/2013.
- M.E.C. *ECD/65/2015, O. de 21 de enero, por la que se describen las relaciones entre las competencias, los contenidos y los criterios de evaluación de la educación primaria, la educación secundaria obligatoria y el bachillerato.* B.O.E. nº 25, de 29/01/2015.
- M.E.C. (1992). *Educación para la igualdad de oportunidades de ambos sexos.* Transversalidad. SGT. Madrid.

- MORENO, J. A. y MARTÍNEZ, C. (2011). *Guía para una práctica deportiva igualatoria*. INDE. Barcelona.
- PIEDRA, J. (2010). *El profesorado de Educación Física como Agente en la Coeducación: Actitudes y Buenas Prácticas para la Construcción de Género en la Escuela*. Tesis doctoral. U. de Sevilla, F. de CC. de la Educación.
- PIEDRA, J. (2016). *Deporte y género. Manual de iniciación*. INDE. Barcelona.
- RUIZ, C. (2007). *Nuevas formas de jugar*. Instituto Andaluz de la Mujer. Sevilla.
- SOLSONA, N. y otras. (2005). *Aprender a cuidar y a cuidarnos. Experiencias para la autonomía y la vida cotidiana*. Octaedro. Barcelona.
- SUBIRATS, M. y BRULLET, C. (1988). *La transmisión de los géneros en la escuela mixta*. M. de Cultura, Instituto de la Mujer.
- SUBIRATS, M. (1995). *Mujer y educación: de la enseñanza segregada a la coeducación*. Instituto de la Mujer. Madrid.
- SUBIRATS, M. (2009). *La escuela mixta ¿garantía de coeducación?* Participación Educativa, nº 11, págs. 94-97. Consejo Escolar del Estado. M. E. C. Madrid.
- TRIGO, E. y PIÑERA, S. (2000). *Manifestaciones de la motricidad*. INDE. Barcelona.
- VÁZQUEZ, B, y ÁLVAREZ, G. -coords.- (1990). *Guía para una Educación Física no Sexista*. Secretaría de Estado de Educación. Dirección General de Renovación Pedagógica. M. E. C. Madrid.
- VÁZQUEZ, B. (1996) *La Educación Física y Coeducación* en GARCÍA DE LA HOZ, V. *Personalización en la Educación Física*. Rialp, S.A. Madrid.
- VÁZQUEZ, B. (2000). *Educación Física y género. Modelo para la observación y el análisis del comportamiento del alumnado y del profesorado*. Instituto de la Mujer. Madrid.
- VICIANA, J. (2002). *Planificar en Educación Física*. INDE. Barcelona.
- VIEITES, C. y MARTÍNEZ, L. (2009). *Ciento treinta actividades para coeducar. Una propuesta para incorporar la igualdad en la escuela*. Revista "Participación Educativa", nº 11, julio 2009. Consejo Escolar del Estado. M. E. C. Madrid.
- VILANOVA, A. y SOLER, S. (2012). *La coeducación en la educación física en el siglo XXI*. Revista Tándem. Nº 40, pp. 75-83. Graó. Barcelona.
- VV. AA. (1996). *La construcción colectiva de la igualdad*. C.E.J.A. Junta de Andalucía. Sevilla.
- VV. AA. (2006). *Guía de buenas prácticas para favorecer la igualdad entre hombres y mujeres en educación*. Consejería Educación, Junta de Andalucía. Sevilla.
- VV. AA. (2006 b). *Revista Andalucía Educativa*. Nº 57, pp. 18-22. C. E. Junta de Andalucía. Sevilla.
- VV. AA. (2007). *Guía didáctica del profesorado. "¿Conoces a...?* Colección Plan de Igualdad 6. Consejería Educación, Junta de Andalucía. Sevilla.
- VV. AA. (2010). *La coeducación en la educación física del siglo XXI*. Wanceulen. Sevilla.
- ZAGALAZ, Mª L.; CACHÓN, J.; LARA, A. (2014). *Fundamentos de la programación de Educación Física en Primaria*. Síntesis. Madrid.

WEBGRAFÍA (Consulta en octubre de 2015).
http://www.juntadeandalucia.es/institutodelamujer/
www.juntadeandalucia.es/educacion/descargasrecursos/curriculo-primaria/index.html
www.adideandalucia.es

www.ingramcontent.com/pod-product-compliance
Lightning Source LLC
Chambersburg PA
CBHW080256170426
43192CB00014BA/2688